Frieder Wolf

Bildungsfinanzierung in Deutschland

Frieder Wolf

Bildungs-
finanzierung
in Deutschland

VS VERLAG FÜR SOZIALWISSENSCHAFTEN

Bibliografische Information der Deutschen Nationalbibliothek
Die Deutsche Nationalbibliothek verzeichnet diese Publikation in der
Deutschen Nationalbibliografie; detaillierte bibliografische Daten sind im Internet über
http://dnb.d-nb.de abrufbar.

1. Auflage 2008

Alle Rechte vorbehalten
© VS Verlag für Sozialwissenschaften | GWV Fachverlage GmbH, Wiesbaden 2008

Lektorat: Frank Schindler

VS Verlag für Sozialwissenschaften ist Teil der Fachverlagsgruppe
Springer Science+Business Media.
www.vs-verlag.de

Umschlaggestaltung: KünkelLopka Medienentwicklung, Heidelberg
Druck und buchbinderische Verarbeitung: Krips b.v., Meppel
Gedruckt auf säurefreiem und chlorfrei gebleichtem Papier
Printed in the Netherlands

ISBN 978-3-531-16055-9

Inhalt

Abkürzungsverzeichnis   6

1   **Einleitung**   7

2   **Die Logik der öffentlichen Bildungsfinanzierung (*oder*: Warum der Staat hierzulande so wenig in die Bildung investiert)**   14
    2.1 Die Rolle des Politikerbes und die relative Langsamkeit von Veränderungen   15
    2.2 Der Einfluss der wirtschaftlichen Leistungskraft   17
    2.3 Demographie und Bildungsnachfrage   21
    2.4 Religiös-kulturelle Prägungen   24
    2.5 Gesellschaftliche Machtressourcen   27
    2.6 Machen Parteien einen Unterschied?   30
    2.7 Politisches Institutionensystem   37
    2.8 Finanzierungsbedingungen und Programmkonkurrenz   39
    2.9 Beachtenswerte Besonderheiten   45
    2.10 Zusammenfassung   48

3   **Wie die private Bildungsfinanzierung tickt (*oder*: Warum die privaten Bildungsausgaben in Deutschland recht hoch sind)**   50
    3.1 Gibt es einen Substitutionseffekt zwischen öffentlichen und privaten Bildungsausgaben?   51
    3.2 Sozioökonomie und Demographie   52
    3.3 Parteien und Interessenverbände   53
    3.4 Religiös-kulturelle Faktoren   55
    3.5 Institutionenordnung und öffentliche Finanzen   58
    3.6 Beachtenswerte Besonderheiten   62
    3.7 Zusammenfassung   65

4   **Der Tertiärsektor unter der Lupe**   67

5   **Prognose: Wie es weiter geht, wenn sich nichts ändert**   74

6   **Strategien zur Steigerung der Bildungsausgaben in Deutschland**   77

7   **Fazit**   96

Anhang   99
Literatur   130

Abkürzungsverzeichnis

AUS	Australien
AUT	Österreich
BEL	Belgien
BiBB	Bundesinstitut für Berufsbildung
BIP	Bruttoinlandsprodukt
BLK	Bund-Länder-Kommission für Forschungsförderung und Bildungsplanung
BMBF	Bundesministerium für Bildung und Forschung
CAN	Kanada
CZ	Tschechische Republik
DK	Dänemark
FG Wahlen	Forschungsgruppe Wahlen
FIN	Finnland
FRA	Frankreich
GER	Deutschland
GRE	Griechenland
HIB	Heute im Bundestag
HUN	Ungarn
IRL	Irland
ITA	Italien
JPN	Japan
KOR	Südkorea
NL	Niederlande
NZL	Neuseeland
NOR	Norwegen
OECD	Organisation for Economic Co-operation and Development
PL	Polen
POR	Portugal
SBA	Statistisches Bundesamt
SLK	Slowakei
SPA	Spanien
SWE	Schweden
SWI	Schweiz
UK	Großbritannien
UN	United Nations
UNESCO	United Nations Educational, Scientific and Cultural Organization
USA	Vereinigte Staaten von Amerika

1 Einleitung

Über wenige Aspekte der Bildungspolitik besteht in der öffentlichen Diskussion so große Einigkeit wie über die schlichte Notwendigkeit zusätzlicher finanzieller Mittel für die Schulen und Hochschulen (vgl. Bofinger 2005: 257, Lauterbach 2007: 52f., Nolte 2006: 303 und Sinn 2004: 42, um nur einige zu nennen).[1] Während mannigfaltige Vorschläge zu ihrer Herkunft und Verwendung existieren – man diskutiert leidenschaftlich die Verteilung des Fells eines Bären, der noch lange nicht erlegt oder auch nur gesichtet worden ist – hat man sich bislang jedoch kaum systematisch mit den Ursachen der bislang so offenbar unzureichenden Bildungsausgaben beschäftigt. Aber warum stehen wir eigentlich, wo wir stehen? Welche Rolle spielen die Wirtschaftskraft und der Anteil von Kindern und Jugendlichen an der Bevölkerung, wie wirken sich unser Institutionensystem und die Sozialpolitik aus, und welchen Einfluss haben Parteien und Verbände? Die Antworten auf diese Fragen sollten Grundlage für alle weiteren Reformdiskussionen sein, und zu ihnen beizutragen ist der Hauptzweck dieses Buches.[2] Darauf aufbauend skizziert es zudem Strategien, mit deren Hilfe höhere Bildungsinvestitionen in Deutschland realisiert werden könnten.

Doch zu allererst gilt es, einen genaueren Blick auf die deutschen Bildungsausgaben im Vergleich mit denen 25 anderer wirtschaftlich entwickelter Demokratien zu werfen. Von dem dabei gezeichneten, vergleichsweise untypischen Bildungsausgaben-Profil Deutschlands ausgehend werden sich dann die folgenden Analysen entfalten.

Beginnen wir mit den gesamten, also den öffentlichen plus den privaten Bildungsausgaben, die Abbildung 1 veranschaulicht. (Wegen der üblichen Verzögerung der statistischen Aufarbeitung beziehen sich die jüngsten verfügbaren Daten auf das Jahr 2004.) Aufbereitet sind sie hier als Anteil am Bruttoinlandsprodukt. Dieser gibt an, welchen Prozentsatz seiner wirtschaftlichen Leistungskraft ein

---

[1] Selbst Wössmann (2007), der sich jüngst mit der knappen These „Brauchen wir wirklich mehr Geld? Nein." (ibid.: Klappentext), hervorgetan hat, argumentiert im Grunde nur gegen zwei bestimmte Verwendungszwecke für frisches Geld, nämlich die Verkleinerung von Klassengrößen und die Anschaffung von Computern.

[2] Es stellt damit das Kondensat von mehrjährigen, von der Deutschen Forschungsgemeinschaft geförderten Forschungsarbeiten unter der Leitung von Manfred G. Schmidt am Institut für Politische Wissenschaft der Universität Heidelberg dar. Während ich Manfred G. Schmidt zu großem Dank verpflichtet bin, sind sowohl die Aussagen als auch Fehler und Schwächen dieses Buches mir alleine zuzurechnen. Henrik Schober gebührt mein Dank für diverse technische Unterstützungsleistungen, Clemens Jesenitschnig für adleräugiges Korrekturlesen und zahlreiche Anregungen.

Land in die Bildung investiert. Deshalb kann daran besonders gut abgelesen werden, was uns die Bildung wert ist. Deutschland findet sich hier mit einem Wert von 5,2% wohlwollend interpretiert im unteren Mittelfeld der wirtschaftlich entwickelten Staaten, und damit deutlich unterhalb des OECD-Durchschnitts von 5,7%. An der Spitze stehen neben den USA, Südkorea und Neuseeland die skandinavischen Staaten, aber auch in Belgien, Frankreich und der Schweiz wird vergleichsweise viel für Bildungszwecke ausgegeben. Schlusslicht ist mit deutlichem Abstand Griechenland, aber auch Italien und Spanien sowie Japan, Irland und die Nachfolgestaaten der Tschechoslowakei schneiden in dieser Rangliste schwach ab.

Doch nicht nur die gesamten Bildungsausgaben variieren stark, sondern auch die Arbeitsteilung zwischen Staat und privatem Sektor (dieser umfasst hauptsächlich Wirtschaft und Privathaushalte) ist ziemlich uneinheitlich. Für die angestrebte Erklärung der Unterschiede in der Höhe der Bildungsinvestitionen ist es wichtig, sich das Muster dieser in Abbildung 2 dargestellten Arbeitsteilung näher vor Augen zu führen.

Die Aufteilung in einen öffentlichen und einen privaten Bildungsausgaben-Block macht Zweierlei deutlich: Erstens besteht kein systematischer Zusammenhang[3] zwischen der Arbeitsteilung und der Gesamthöhe der Bildungsausgaben – hohe Bildungsausgaben sind ganz offenbar nicht nur durch starkes privates Engagement wie in den asiatischen Ländern und den englischsprachigen Siedlerstaaten USA, Kanada, Australien und Neuseeland möglich, wo die Privaten ein Viertel bis zu zwei Fünftel des Bildungsbudgets stellen, sondern auch bei nahezu ausschließlich öffentlicher Finanzierung, wie es die skandinavischen Länder zeigen, in denen der Staat zwanzig bis sechzig Mal soviel wie der Privatsektor beisteuert. (Darauf werden wir zurückkommen, wenn es im vorletzten Kapitel dieses Buches um die Frage geht, welche Optionen Deutschland hat, um die Bildungsausgaben spürbar zu erhöhen.) Dasselbe gilt auch für niedrige gesamte Bildungsausgaben, die es unter recht weitgehender privater Kompensation für öffentliche Zurückhaltung wie in Japan ebenso gibt wie bei gleichermaßen zurückhaltendem Engagement von beiden Seiten, wofür Griechenland oder Irland als Beispiele dienen können.

---

[3] Der Pearson'sche Korrelationskoeffizient r zwischen der Höhe der gesamten Bildungsausgaben und der Relation von öffentlichem zu privatem Anteil beträgt 0,1.

Abbildung 1: Die gesamten Bildungsausgaben Deutschlands im Jahr 2004 im Vergleich[4]

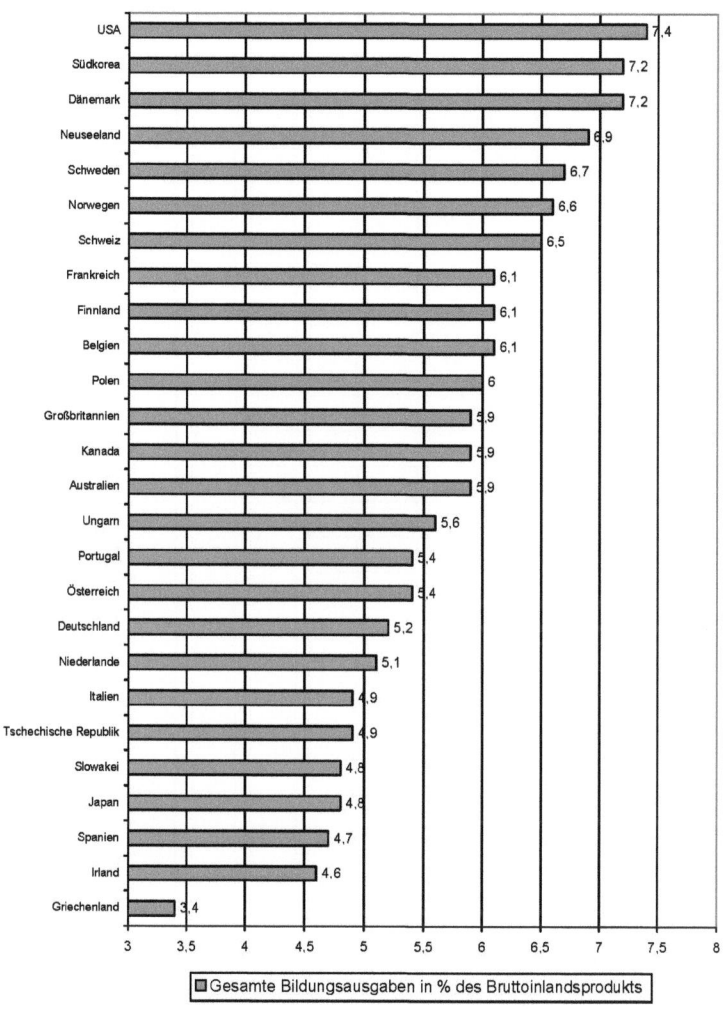

Quelle: Eigene Darstellung auf der Basis von OECD 2007: 208 und 2006: 205

---

[4] Die Angaben für Norwegen und die Schweiz beziehen sich auf das Jahr 2003, diejenigen für Kanada auf 2002. Informationen darüber, welche Ausgaben im Einzelnen abgedeckt sind, finden sich in OECD 2007: 196 und auf der OECD-Internetseite unter www.oecd.org/edu/eag2007 in Annex 3. (Siehe hierzu des Weiteren Anhang 1.)

Abbildung 2: Die Arbeitsteilung zwischen Staat und Privatsektor[5]

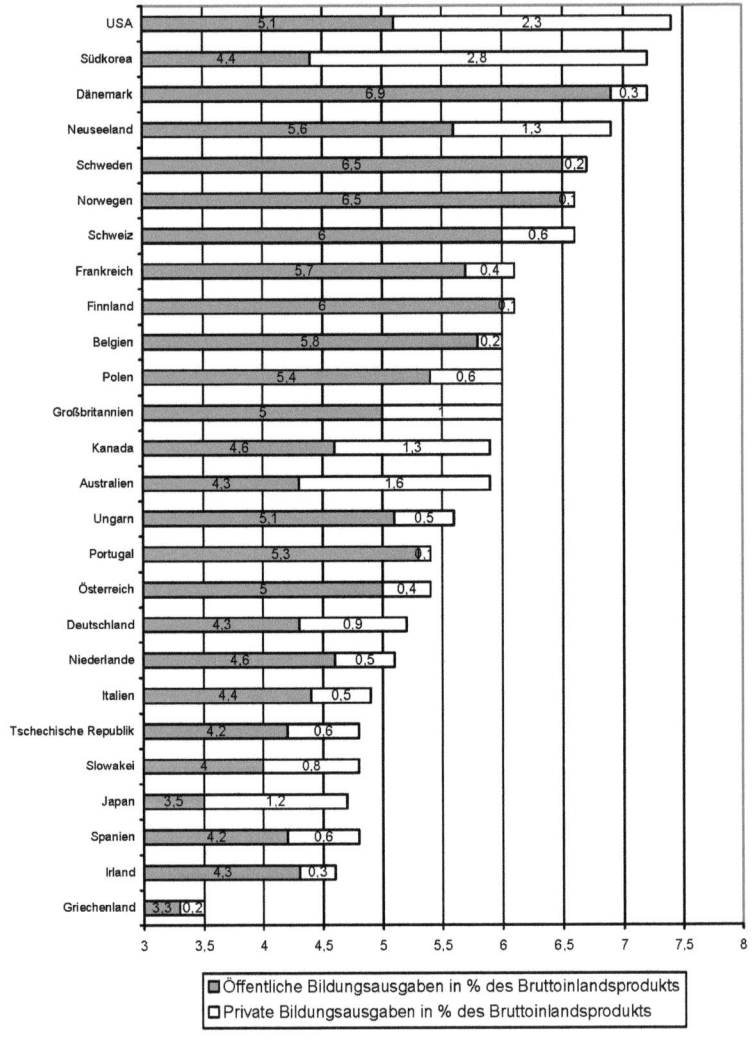

Quelle: Eigene Darstellung auf der Basis von OECD 2007: 208 und 2006: 205

---

[5] Dass sich die beiden Werte für jedes Land in dieser Abbildung nicht immer zu dem in Abbildung 1 angegebenen Wert addieren, liegt an der Rundung. Die Zahlen beziehen sich wiederum auf 2004, mit Ausnahme von Kanada (2002), Norwegen und der Schweiz (jeweils 2003).

Zweitens liegen auf den ersten Blick die Ursachen für die unterdurchschnittliche Finanzausstattung des deutschen Bildungswesens auf der staatlichen Seite, denn die privaten Bildungsausgaben hierzulande sind immerhin die achtgrößten, während die öffentlichen nur in fünf Ländern geringer ausfallen. Bei näherer Betrachtung wird aber deutlich, dass sowohl die relative private Großzügigkeit als auch die relative öffentliche Zurückhaltung ungleich über die Sektoren des Bildungssystems verteilt sind.

Abbildung 3:   Die privaten Hochschulausgaben und ihr Anteil an den gesamten Hochschulausgaben[6]

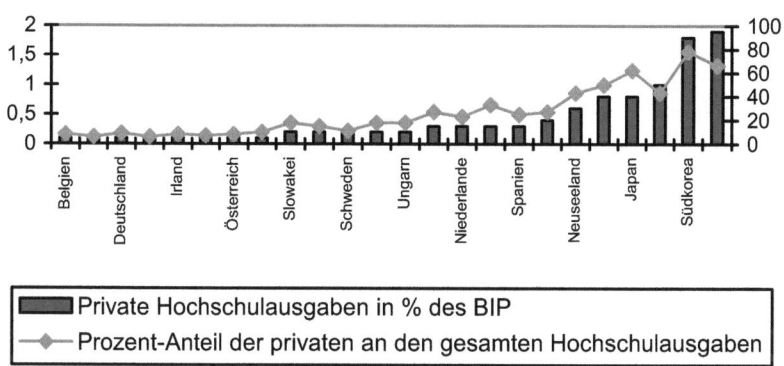

Quelle: Eigene Darstellung auf der Basis von OECD 2007: 208 und 2006: 206

Im Hochschulbereich ist die Lage nämlich noch einmal ganz anders: Hier liegen die öffentlichen Ausgaben Deutschlands genau im OECD-Durchschnitt von 1,0%, aber die privaten sind mit lediglich 0,1% die geringsten unter den hier verglichenen Ländern (siehe Abbildung 3). Insgesamt gehen etwas mehr als zwei Drittel der privaten Bildungsausgaben der OECD-Staaten in den so genannten tertiären Bildungssektor, also den Hochschulbereich (gegenüber weniger als einem Fünftel der öffentlichen Bildungsausgaben). Umgekehrt bedeutet das, dass rund ein Viertel der gesamten Hochschulausgaben in der OECD von privater Seite stammen.[7] Abbildung 3 zeigt, dass der Anteil der privaten an den gesamten

---

[6] Die Angaben beziehen sich wiederum auf 2004, mit Ausnahme von Kanada (2002) und Norwegen (2003). Für Griechenland und die Schweiz liegen leider keine Daten zu den privaten Hochschulausgaben vor.
[7] Der hochschulische Bereich wird in vielen Ländern anders behandelt als der schulische, vor allem weil die Schulbildung in den meisten Ländern als eine Art Grundrecht angesehen wird, ein Studium

Hochschulausgaben in sieben Ländern unter 10% und in sechs weiteren unter 20% liegt, in den asiatischen und den Siedlerstaaten dagegen zwischen 40% und 80%. Deutschland ist demnach ein interessanter Sonderfall: Hierzulande wird, wie oben gesehen, von privater Seite zwar überdurchschnittlich viel für Bildung ausgegeben, aber eben gerade nicht für akademische Ausbildungsgänge, auf die lediglich ein Neuntel der privaten Bildungsausgaben in Deutschland entfällt. Der Großteil geht nämlich in die betriebliche Aus- und Weiterbildung. Damit ist Deutschland eines von nur fünf OECD-Ländern, in denen die private Wirtschaft mehr für Bildung ausgibt als die privaten Haushalte.

Die doppelte Differenzierung der Bildungsausgaben nach ihrer Herkunft und nach dem Sektor des Bildungssystems, für den sie ausgegeben werden, ist nicht einfach einer beschreibenden Detailfreude geschuldet. Sie ist vielmehr überhaupt die Voraussetzung dafür, fundierte Erklärungen für die Variation der Bildungsausgaben zwischen den wirtschaftlich entwickelten Demokratien und für die spezifische Stellung Deutschlands darin anbieten zu können. Denn die Logik der öffentlichen Bildungsausgaben ist eine grundlegend andere als diejenige hinter den privaten, und der Hochschulsektor tickt anders als der Schulbereich. Auch der verschiedentlich vermutete Substitutionseffekt zwischen öffentlichen und privaten Bildungsausgaben, wonach privates Engagement nötigenfalls öffentliche Zurückhaltung kompensiert, besteht nur scheinbar. Er verschwindet, sobald andere Faktoren berücksichtigt werden (siehe Kapitel 3; vgl. auch Wolf/Zohlnhöfer 2007: 6f. u. 16).[8]

Im weiteren Verlauf dieses Buches werden deshalb zunächst Antriebskräfte und Hemmschuhe der öffentlichen Bildungsausgaben (Kapitel 2) und danach die Bestimmungsfaktoren der privaten Bildungsausgaben (Kapitel 3) identifiziert – jeweils zugespitzt auf die deutsche Position. Gesondert unter die Lupe genommen wird sodann der Hochschulbereich (Kapitel 4), da er sich in verschiedenerlei Hinsicht vom übrigen Bildungswesen unterscheidet. Auf diese Analysen folgt eine Prognose der zukünftigen Entwicklung der Bildungsfinanzen in Deutschland für den Fall, dass sich, allen Lippenbekenntnissen aus Politik und Gesellschaft zum Trotz, nichts Wesentliches ändert (Kapitel 5). Als Alternative dazu werden daraufhin, aufbauend auf den Erkenntnissen aus den vorigen Kapiteln, Strategien zur spürbaren Steigerung der Bildungsausgaben in Deutschland vorgestellt (Kapitel 6). Im Fazit (Kapitel 7) schließlich werden die Kernaussagen des Buches pointiert zusammengefasst und die verschiedenen möglichen Muster

---

dagegen öfter zumindest partiell auch als eine private Investition in zukünftige Verdienstmöglichkeiten.
[8] Eine Ausnahme stellt wieder einmal der Hochschulsektor dar. Siehe hierzu Kapitel 4 und Wolf/Zohlnhöfer 2007: 20f.).

der zukünftigen Arbeitsteilung zwischen Staat und privatem Sektor in der Bildungsfinanzierung anskizziert.

Vor dem Einstieg in die Analyse ist an dieser Stelle noch eine Bemerkung zum methodischen Vorgehen und der Darstellung der Ergebnisse vonnöten: Die im Weiteren vorgestellten Ergebnisse beruhen auf Analysen der Bildungsausgaben des Jahres 2004 – dies sind die jüngsten verfügbaren Daten.[9] Auf fachwissenschaftlichen Jargon wird bei der Präsentation und Diskussion der Ergebnisse soweit möglich verzichtet, um die Ergebnisse einem möglichst breiten Publikum zugänglich zu machen. (Eine ausführlichere Begründung und Diskussion des methodischen Vorgehens findet sich in Anhang 2.) Die Zusammenhänge zwischen je zwei Variablen (also die sogenannten bivariaten Assoziationen) werden in Kapitel 2 und 3 regelmäßig durch Streudiagramme verdeutlicht, und die entsprechenden Korrelationskoeffizienten werden für daran interessierte Leser jeweils in Fußnoten benannt. Das Zusammenwirken mehrerer Variablen (also die multivariaten Zusammenhänge) wurden mit Hilfe zahlreicher Regressionsmodelle untersucht. Eine breite Auswahl davon ist für interessierte Leser in Anhang 3 abgedruckt, im Haupttext werden ihre Ergebnisse dagegen nur verbal zusammengefasst.

---

[9] Eine genauere Beschreibung dieser Daten und eine Diskussion ihrer Qualität findet sich in Anhang 1. Aufgelistet sind dort (in Tabelle A-1-1) des Weiteren die Datenquellen und Operationalisierungen der Erklärungsfaktoren. In wenigen Fällen weicht bei Letzteren das Bezugsjahr ab oder die Verfügbarkeit ist eingeschränkt, sodass nicht alle 26 ansonsten untersuchten Staaten abgedeckt sind. Darauf wird jeweils ebenfalls in Tabelle A-1-1 verwiesen.

2 Die Logik der öffentlichen Bildungsfinanzierung (*oder*: Warum der Staat hierzulande so wenig in die Bildung investiert)[10]

Drei Viertel der gesamten Bildungsausgaben in den hier untersuchten 26 OECD-Staaten stammen aus öffentlichen Kassen. Zwischen diesen Staaten variieren Umfang und Gewicht der öffentlichen Bildungsausgaben jedoch deutlich. Der Umfang reicht von 3,3% des BIP in Griechenland bis zu 6,9% in Dänemark, das Gewicht von 61% Anteil der öffentlichen an den gesamten Bildungsausgaben in Südkorea bis 98% in Finnland. Die Werte für Deutschland liegen mit 4,3% des BIP bzw. 82% der gesamten Bildungsausgaben jeweils im unteren Mittelfeld. Dieses Kapitel dient der Vorstellung derjenigen Faktoren, welche für diese Variation verantwortlich zeichnen. Zunächst werden dabei die Rollen des politischen Erbes (Abschnitt 2.1), der wirtschaftlichen Leistungskraft (Abschnitt 2.2) und der demographischen Situation (Abschnitt 2.3) in den Blick genommen. Sodann folgt die Analyse des Einflusses von kulturellen Prägungen (Abschnitt 2.5), gesellschaftlichen Machtressourcen (Abschnitt 2.6) sowie politischen Parteien (Abschnitt 2.6), bevor die Auswirkungen des politischen Institutionensystems (Abschnitt 2.7) und der Finanzierungsbedingungen des Bildungswesens (Abschnitt 2.8) den Reigen der untersuchten Determinanten vervollständigen. Vor der Zusammenfassung der Befunde zu den öffentlichen Bildungsausgaben (Abschnitt 2.10) werden außerdem einige beachtenswerte Besonderheiten zu einzelnen Effekten, Ländern und Ländergruppen erläutert (Abschnitt 2.9).

Beim Vergleich des deutschen Falls mit den übrigen OECD-Staaten gilt es stets im Hinterkopf zu behalten, dass Bildung hierzulande weitestgehend Ländersache ist. Von jedem Euro, der in Deutschland insgesamt, also vom Staat und von privaten Akteuren, für Bildungszwecke ausgegeben wird, kommen 50 Cent von den Ländern, und bei den öffentlichen Bildungsausgaben sind es sogar fast 70 Cent. (Dieser letztere Anteil wird sich in Zukunft aller Voraussicht nach sogar

---

[10] Vergleichende Untersuchungen der öffentlichen Bildungsausgaben in 21 bzw. 28 OECD-Staaten mit besonderem Fokus auf die Position der USA bzw. der Schweiz haben meine DFG-Projektkollegen Marius Busemeyer (Busemeyer 2006a) und Rita Nikolai (Nikolai 2007a) vorgelegt. Während die in diesem Kapitel vorgestellten Ergebnisse auf eigenen Analysen jüngerer Daten beruhen und diese Analysen wegen des besonderen Interesses am deutschen Fall einen anderen Schwerpunkt haben, wird auf die Erkenntnisse aus den beiden genannten Arbeiten an verschiedenen Stellen verwiesen werden, und ich verdanke ihren Autoren hilfreiche Anregungen und Orientierungsmarken.

noch erhöhen, weil in der Folge der Föderalismusreform 2006 die Bundesmittel für die abgeschaffte Gemeinschaftsaufgabe Hochschulbau, bis 2019 langsam abfallend, auslaufen.) Deshalb werden in diesem Kapitel die Erkenntnisse zum internationalen Vergleich auch mit denjenigen aus dem Bundesländervergleich (welche auf Wolf 2006a basieren) verknüpft.

2.1 Die Rolle des Politikerbes und die relative Langsamkeit von Veränderungen

Müsste man die Bildungsausgaben eines beliebigen Staates in einem bestimmten Jahr vorhersagen, wäre es die vielversprechendste Strategie, einfach den Wert des Vorjahres heranzuziehen.[11] Der Grund dafür ist schlicht, dass politische Entscheider kaum je bei Null anfangen. Sie sind nicht frei in der Gestaltung der politischen Wirklichkeit, sondern können nur ausgehend von den bestehenden Gesetzen (und den Institutionen, zu denen diese oft geronnen sind) Veränderungen vornehmen. Rose/Davies (1994: 1) haben dafür eine einprägsame Formulierung gefunden: „Policymakers are heirs before they are choosers." – Politiker sind in erster Linie Erben, und vergangene Ereignisse und Entscheidungen bestimmen ihre gegenwärtigen Wahlmöglichkeiten. Dies gilt gerade auch für die öffentlichen Finanzen, denn der Staatshaushalt wird auf der Basis des Haushalts des Vorjahres erstellt, und Veränderungen einzelner Posten liegen in aller Regel im niedrigen einstelligen Prozentbereich.[12] Die jährlichen Veränderungen der Anteile der Bildungsausgaben am BIP waren in den hier verglichenen 26 Staaten in den letzten fünf Jahren in nur fünf von 130 Fällen größer als 10% (nicht Prozentpunkte!), und in über drei Vierteln der Fälle waren sie kleiner als 5% (Quelle: Eigene Berechnungen). Überdies stammen ein Drittel der über diesen Schwellen liegenden Werte aus den vier ostmitteleuropäischen Neumitgliedern der O-ECD. In den schon länger etablierten wirtschaftlich entwickelten Demokratien sind große Sprünge also noch seltener. Hinzu kommt im Bildungsbereich ein

---

[11] Gerade auch weil die Vorjahresausgaben der weitaus beste Prädikator der Bildungsausgaben jedes beliebigen Jahres sind, können sie nicht regelmäßig mit den im Folgenden besprochenen übrigen Erklärungsgrößen in gemeinsame Regressionsmodelle integriert werden. Geschieht dies doch, so dominieren sie diese völlig. Es gibt neben diesem pragmatischen aber auch einen guten theoretischen Grund, die Vorjahreswerte ansonsten unberücksichtigt zu lassen: Hinter den jeweiligen Vorjahresausgaben stehen doch wiederum die angesammelten Effekte anderer Variablen, schließlich ergeben sich die (langsamen) Veränderungsprozesse der Bildungsausgaben nicht aus sich selbst heraus, sondern aus der Kumulation und Kombination anderer Einflüsse.
[12] Für bahnbrechende Studien zu den einschlägigen bürokratischen Routinen vgl. Wildavsky 1964 und Wilensky 1975, für den deutschen Kontext Bajohr 2003, für eine vergleichende Untersuchung der Haushaltspolitik in fünf westlichen Ländern Sturm 1989.

überdurchschnittlich hoher Personalkostenanteil von in Deutschland rund 70%, der sich einerseits in Krisenzeiten nur langsam absenken lässt und damit dem Bildungswesen einen sichereren Bestandschutz als anderen Bereichen der Staatstätigkeit garantiert, andererseits aber vorsichtige Haushaltspolitiker dazu motiviert, Schulen und Hochschulen nur unterproportional an Ausgabensteigerungen teilhaben zu lassen.[13]

Daraus folgt jedoch nicht, dass die Bildungsausgabenverhältnisse unveränderbar oder vollkommen durch die historisch gewachsene Konstellation vorgezeichnet wären.[14] Das Gegenteil beweisen die erfolgreichen Aufholprozesse von (vor allem katholischen) Nachzüglerstaaten wie Irland, Portugal und Spanien, aber auch Frankreich, die 1960 noch weit geringere Bildungsausgabenquoten aufwiesen als der OECD-Durchschnitt, diesen Rückstand aber in den 1990ern weitestgehend oder sogar vollständig aufgeholt hatten (vgl. dazu Castles 1998: 177 u. 194).[15] Aber im Hinblick auf die in Kapitel 6 vorgestellten Strategien zur Erhöhung der Bildungsausgaben in Deutschland kann schon einmal festgehalten werden, dass es dazu eines langen Atems bedürfen wird und dass die kumulativen Effekte kleiner Stellschraubenjustierungen wohl realistischere Erfolgsaussichten bieten als kurzfristige Maximalforderungen.

Ein besonders belastendes Politikerbe und daraus resultierende außergewöhnlich schlechte Startbedingungen hinsichtlich der Bildungsausgaben werden im internationalen Vergleich Staaten zugeschrieben, die Mitte des 20. Jahrhunderts diktatorisch (insbesondere faschistisch) regiert wurden, denn Diktaturen legen weniger Wert auf Bildung als Demokratien. Die in der Nachkriegszeit relativ geringen Bildungsausgaben der jungen Bundesrepublik, und auch den dann auf relativ niedrigem Niveau und vergleichsweise spät einsetzenden Beginn der Bildungsexpansion, die ja zumindest anfangs auch eine Bildungsausgabenexpansion war, kann man neben anderen Gründen auch auf die Vernachlässigung des Bildungswesens durch den NS-Staat zurückführen (vgl. Alber 1986: 4ff. u. 33ff. sowie Schmidt 2004a: 11ff.; zur Bildungsexpansion selbst siehe auch Wolf 2006b: 230ff.). Das baldige Abflachen der Bildungsexpansion und die damit einhergehende Trendumkehr der öffentlichen Bildungsausgaben hatten dagegen andere Ursachen, auf die später (in Abschnitt 2.8) noch einzugehen sein wird.

---

[13] So lehrt es auch der Vergleich der für das Schulwesen zur Verfügung stehenden Haushaltsanteile in den deutschen Bundesländern, vgl. dazu Wolf 2008a: 32.

[14] Inwiefern es gerade im deutschen Fall ,selbstverstärkende Dynamiken' (Pierson 2003: 196) gibt, wird in späteren Abschnitten diskutiert. Zur Geschichte und Entwicklung der Bildungsausgaben in der entwickelten Welt siehe außerdem Lindert 2004: 19 u. 87ff.

[15] Erleichtert hat dieses Aufschließen allerdings, dass ab den 1970ern ehemalige Vorreiterländer wie Großbritannien, Japan, Dänemark oder die Niederlande ihnen mit rückläufigen Bildungsausgabenquoten entgegen kamen, sodass das Gesamtbild eher von Konvergenz- als von Aufholprozessen bestimmt wird (vgl. Busemeyer 2006a: 259ff.).

Die Wiedervereinigung brachte einen beträchtlichen Nachholbedarf an Investitionen mit sich, war doch die DDR (sofern man ihren statistischen Angaben Glauben schenken mag) nicht besonders großzügig mit ihren Schulen und Hochschulen umgegangen: Für die Kategorie ‚Bildung insgesamt' wendete sie 1975 1,55% ihres ‚gesellschaftlichen Gesamtprodukts' auf, und dieser Wert stieg bis 1988 nur auf 1,91% an (Quelle: Eigene Berechnungen auf der Basis von Staatliche Zentralverwaltung für Statistik 1989: 1, 100 u. 261). Transfers aus den West-Ländern und eine schnell anwachsende Verschuldung (siehe hierzu auch Abschnitt 2.8) ermöglichten den neuen Ländern in den Jahren von 1993 bis 2000 höhere Bildungsausgaben als in den alten, und zwar nicht nur relativ zur dort geringeren wirtschaftlichen Leistungsfähigkeit (also dem BIP), sondern auch pro Kopf der Bevölkerung (vgl. Wolf 2006a: 143). Allerdings spricht vieles dafür, dass dadurch auch Bildungsausgaben in den West-Ländern und in der Zukunft verdrängt wurden, sodass der Netto-Effekt auf das gesamtdeutsche Bildungswesen geringer ist. Die verbleibenden Ost-West-Unterschiede in der Bildungs(ausgaben)landschaft gilt es des Weiteren beim Entwurf der Strategien für eine Ausgabenerhöhung in Kapitel 6 zu berücksichtigen.

2.2 Der Einfluss der wirtschaftlichen Leistungskraft

Geben Staaten, die eine überdurchschnittlich hohe wirtschaftliche Leistungskraft aufweisen, auch einen höheren Anteil ihres Wirtschaftsprodukts für Bildungszwecke aus als andere Staaten? Abbildung 4 zeigt, dass das tendenziell so ist, allerdings liegen die Länder relativ weit um die Trendlinie verstreut.[16] Während sich Mitglieder der meisten Länderfamilien auf beiden Seiten der Trendlinie finden, liegen alle skandinavischen Staaten (und insbesondere Dänemark und Schweden) deutlich darüber. Das bedeutet, dass sie mehr für Bildung ausgaben als ihr Bruttoinlandsprodukt erwarten ließe. Für Deutschland gilt das Gegenteil, allerdings in geringerem Maße als etwa für Griechenland und Japan.

---

[16] Der Korrelationskoeffizient r für diese beiden Variablen liegt bei 0,33.

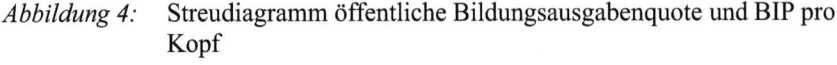

Abbildung 4:   Streudiagramm öffentliche Bildungsausgabenquote und BIP pro Kopf

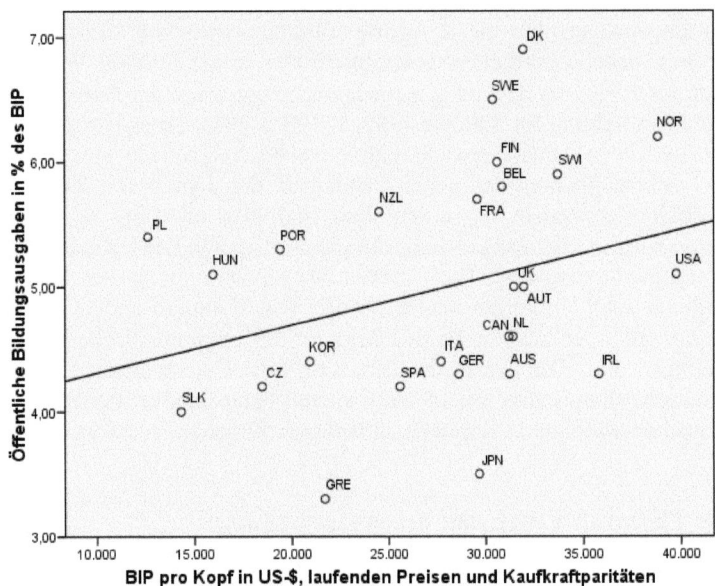

Quelle: Eigene Darstellung auf der Basis von Daten der OECD (für Details siehe Anhang 1)

In gewisser Weise ist der Effekt der wirtschaftlichen Leistungsfähigkeit allerdings das Opfer der hier gewählten Aufbereitung der Bildungsausgaben. Diese werden ja im ganzen Buch als Anteil am Bruttoinlandsprodukt gemessen, um vergleichen zu können, wie viel die Bildung den einzelnen Staaten in Relation zu eben dieser wirtschaftlichen Leistungsfähigkeit wert ist. An dieser Stelle muss jedoch eine weitere Größe hinzugezogen werden, um der Bedeutung des ökonomischen Einflusses auf das Bildungswesen gerecht zu werden. Betrachtet man das in Abbildung 5 dargestellte Verhältnis zwischen den Bildungsausgaben pro Kopf der Bevölkerung und dem BIP pro Kopf, so ergibt sich eine weitaus klarere Tendenz.[17]

---

[17] Der Korrelationskoeffizient r für diese beiden Variablen liegt bei 0,89.

Abbildung 5:   Streudiagramm öffentliche Bildungsausgaben pro Kopf und BIP
                 pro Kopf (jeweils in US-$, laufenden Preisen und
                 Kaufkraftparitäten)

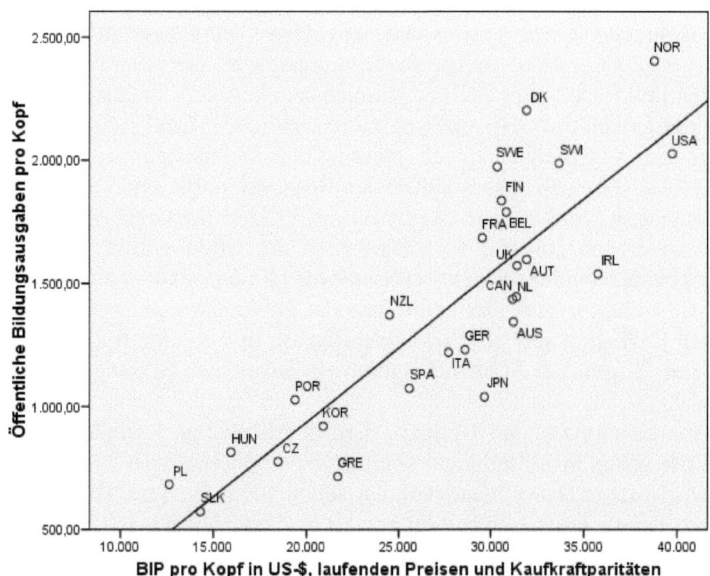

Quelle: Eigene Darstellung auf der Basis von Daten der OECD (für Details siehe Anhang 1)

Es kann daher festgehalten werden: Der Einfluss der Wirtschaftskraft auf die
Höhe der Bildungsausgaben ist eindeutig positiv, deutlich stärker als bei der
Betrachtung des Anteils der Bildungsausgaben am Wirtschaftsprodukt tritt er
jedoch hinsichtlich der Bildungsaufwendungen pro Kopf der Bevölkerung zu
Tage. In multivariaten Analysen (siehe die Modelle 1 bis 8 sowie 9, 13, 21, 23,
24, 31 u. 32 in Anhang 3 samt Erläuterungen) tritt der Unterschied zwischen den
beiden Versionen nochmals deutlicher zutage. Das passt zu den Ergebnissen, zu
denen die vergleichende Staatstätigkeitsforschung schon bei der Analyse der
gesamten Staatsausgaben wie auch der Sozialausgaben gekommen ist (vgl. etwa
Castles 1989: 437, Schmidt 2001: 41, Schmidt 1993: 373f. u. Wilensky et al.
1987: 384ff.). Diese Befunde legen Castles (ibid.) zufolge eine Unterscheidung
zwischen einer schwachen und einer starken Fassung des Wagner'schen Geset-
zes[18] nahe – und nur die schwächere davon, die bei höherer Leistungskraft zwar

---

[18] Diesem Gesetz zufolge wachsen die gesellschaftlichen Erwartungen an den Staat und damit auch
die Staatsausgaben mit der wirtschaftlichen Leistungsfähigkeit an (vgl. Wagner 1911: 724). (Für eine

höhere absolute Ausgaben, aber keinen wachsenden Anteil dieser Ausgaben am höheren Wirtschaftsprodukt postuliert, lässt sich hier eindeutig belegen. Die nur sehr schwachen Indizien für ein Zutreffen der starken Version und die Hinweise auf ein Umkippen ins Gegenteil, die es zuweilen auch gibt, sind unter anderem auf das Anbrechen einer „post-expansive[n] Phase" zurückgeführt worden, in die Busemeyer (2006a: 239) zufolge das Bildungssystem der USA (bzw. zumindest sein öffentlich finanzierter Teil) eingetreten sein könnte.[19] Und sie korrespondieren mit der Erkenntnis, dass ein wohlfahrtsstaatlicher Rückbau wenn überhaupt, dann in Staatstätigkeitsbereichen jenseits der klassischen Sozialpolitik (vgl. Castles 2007: 40) und insbesondere der Bildungspolitik (vgl. Schmidt 2007b: 180) festgestellt werden kann. Analysen des Effekts jährlicher Wachstumsraten haben zudem eine „relative Unabhängigkeit der Bildungsausgaben vom wirtschaftlichen Konjunkturzyklus" (Busemeyer 2006a: 240; vgl. auch Nikolai 2007a: 176) identifiziert. Das heißt, dass das Bildungswesen weder von Expansion noch Rezession schnell direkt betroffen ist, und es unterfüttert die Ausführungen zur langsamen Anpassungsgeschwindigkeit der Bildungspolitik in Abschnitt 2.1.

Bemerkenswert ist im Übrigen, dass in Abbildung 5 wiederum dieselben Staaten wie schon in Abbildung 4 oberhalb bzw. unterhalb der Trendlinie liegen, und auch zur Lage Deutschlands gilt das schon zuvor Gesagte: Die Bildungsausgaben pro Kopf sind ebenfalls geringer, als es die Größe des BIP erwarten ließe. Trost suchen mag man allenfalls in der Erkenntnis, dass in dieser Messgröße doppelt so viele Staaten geringere Ausgaben aufweisen als Deutschland, wir hier also immerhin Platz 16 von 26 belegen.

Im innerdeutschen Vergleich der Bundesländer ist der positive Effekt der Wirtschaftskraft auf die Bildungsausgaben pro Kopf ebenfalls festzustellen, auf die Bildungsausgabenquote am BIP ist er allerdings negativ. Das liegt vornehmlich am deutschen Finanzausgleichssystem, das überdurchschnittliche Wirtschaftskraft wohlhabenderer Länder weitestgehend abschöpft und daher dazu proportionale (Bildungs-)Investitionen verunmöglicht (vgl. hierzu Wolf 2006a: 214). Im Hinblick auf die Strategien zur Steigerung der Bildungsausgaben folgt daraus zwar nichts Entscheidendes für Deutschland insgesamt, wohl aber für die zu erwartende interne (Um-)Verteilung, die an gleichwertigen Lebensverhältnissen orientiert ist und damit föderale Chancengerechtigkeit im Bildungswesen überhaupt erst ermöglicht (vgl. dazu Wolf 2007a: 38).

Reformulierung unter den Bedingungen der demokratischen Industriegesellschaft vgl. Scharpf 1976: 13.)

[19] Dass er auch für die Schweiz Anzeichen dafür sieht, überzeugt angesichts der vergleichsweise geringen Bildungsbeteiligung dortselbst dagegen weniger.

2.3 Demographie und Bildungsnachfrage

Wenn auch das lebenslange Lernen und ein Ausbau seiner Finanzierung in den vergangenen Jahren von Politik (vgl. z.b. BLK 2004, Europäische Kommission 2001, OECD 2005b, OECD 2003a: 79ff., OECD 2001a, UNESCO 2005[20]) und Wissenschaft (vgl. z.B. Gerlach 2000, Kade/Seitter 1996, Kraus 2001, Reuling/Hanf 2004, Sutherland/Crowther 2006) mit guten Gründen zunehmend propagiert worden sind, so sind die Bildungssysteme und die Bildungsausgaben auch der wirtschaftlich entwickelten Demokratien doch weiterhin vornehmlich auf die Bildung und Ausbildung der jungen Generation ausgerichtet. Dennoch ist der bivariate Zusammenhang zwischen dem bildungsrelevantesten Bevölkerungsanteil der 5-24-Jährigen und den Bildungsausgaben nur sehr schwach (siehe Abbildung 6[21]). In den multivariaten Analysen, die für den Einfluss anderer Variablen kontrollieren, tritt dagegen ein substantieller Effekt zu Tage (siehe Modelle 9, 39 u. 40 samt Erläuterungen in Anhang 3).

Abbildung 6:   Streudiagramm öffentliche Bildungsausgabenquote und Anteil der 5-24-Jährigen

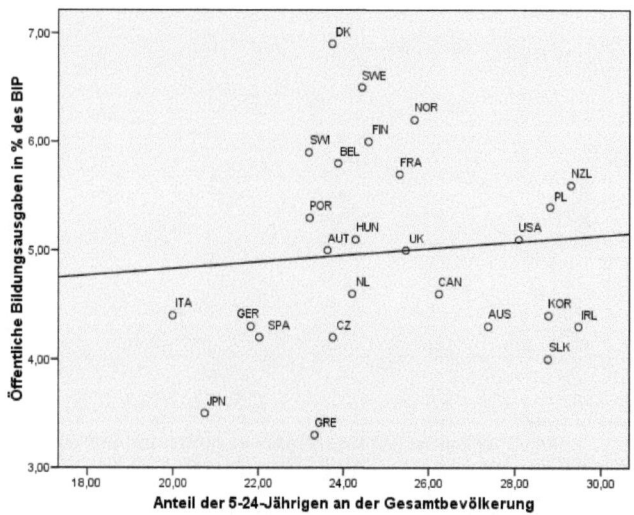

Quelle: Eigene Darstellung auf der Basis von Daten der OECD und der UN (für Details siehe Anhang 1)

---

[20] Die UNESCO hat gar ihr in Hamburg angesiedeltes ,Institute for Education' in ,Institute for Lifelong Learning' umbenannt.
[21] Der Korrelationskoeffizient r beträgt 0,09.

Etwas anders sieht es aus, wenn man den Anteil der Schüler und Studierenden in den Blick nimmt (siehe Abbildung 7[22] und Modell 10 sowie 14, 17, 18, 31 u. 32 samt Erläuterungen in Anhang 3): Hier ist der bivariate Zusammenhang schon deutlicher positiv. Es kommt also für die Bildungsfinanzierung nicht ganz so sehr darauf an, wie jung die Bevölkerung ist, sondern stärker darauf, in welchem Maße der Nachwuchs einer Gesellschaft tatsächlich zur Schule und an die Universitäten strömt. Frühere Forschungsarbeiten waren zu ähnlichen Ergebnissen gelangt (vgl. Castles 1998: 193f. u. 1989: 442). Einen Grund dafür sieht Castles (1989: 442) darin, dass Staaten mit einer besonders jungen Bevölkerung oft nicht die Mittel haben, diesem Bevölkerungsanteil entsprechend in die Bildung zu investieren.

Abbildung 7:   Streudiagramm öffentliche Bildungsausgabenquote und
                  Bevölkerungsanteil der Schüler und Studierenden

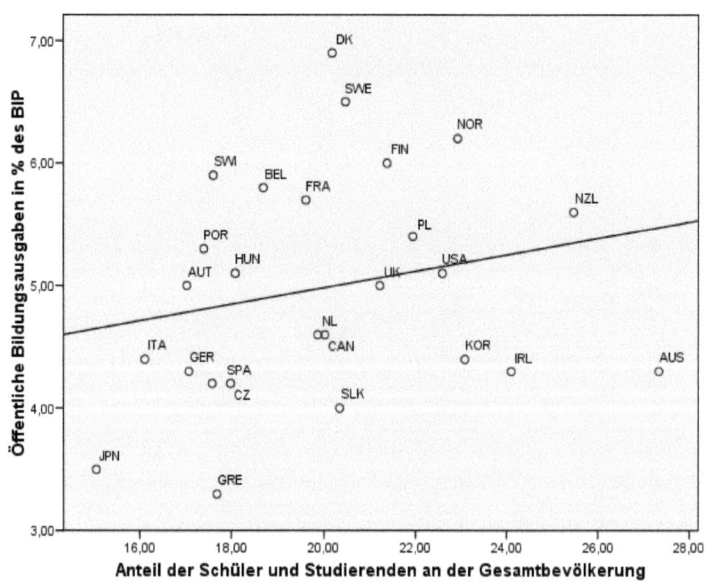

Quelle: Eigene Darstellung auf der Basis von Daten der OECD und der UNESCO (für Details siehe Anhang 1)

Angesichts eines wachsenden Bevölkerungsanteils älterer Menschen werden ansteigende Ausgaben für Gesundheit, Pflege und Renten prognostiziert. Als

---

[22] Hier beträgt der Korrelationskoeffizient 0,22.

Wählergruppe von wachsendem Gewicht[23] wird den Senioren von manchen Autoren ein gewisses Desinteresse an Bildungsfragen bzw. eine höhere Präferenz für Ausgaben für andere Politikbereiche wie die eben genannten zugeschrieben – mit negativen Folgen für die Bildungsfinanzierung. Castles/Marceau (1989: 498) haben für dieses Phänomen den Begriff ‚politische Demographie' geprägt. Entgegengehalten werden kann dieser Erwartung zwar, dass gerade die älteren Bürger in alternden Gesellschaften darauf angewiesen sind, dass die nachwachsende Generation besonders gut ausgebildet wird, wenn sie ihren Lebensstandard halten wollen (vgl. Kaufmann 2005: 179ff., zu theoretischen Argumenten vgl. auch Kemnitz 2000). Nichtsdestoweniger verengen sich durch die demographische Alterung die Verteilungsspielräume, wodurch sich das Konkurrenzverhältnis zwischen Sozial- und Bildungsausgaben automatisch verschärft. (vgl. Bonin/Raffelhüschen 2000: 271f.; siehe auch Abschnitt 2.8).

Was die tatsächlichen empirischen Ergebnisse zur derzeitigen Situation anbelangt, so muss hier erstmals zwischen der Situation in der gesamten OECD und in ihrer kleineren Teilgruppe der alten Demokratien unterschieden werden. (Nicht zu dieser zweiten Gruppe gerechnet werden Polen, die Slowakei, die Tschechische Republik, Ungarn und Südkorea.) In der größeren Gruppe sind keine Effekte der Seniorenquote nachweisbar. In der kleineren Gruppe mit ihren ausgereifteren Wohlfahrtsstaaten dagegen führt eine höhere Seniorenquote zu spürbar niedrigeren Bildungsausgaben (siehe Modell 11 in Anhang 3). Auch im Vergleich der deutschen Länder führt eine höhere Jugendquote zu höheren und eine höhere Seniorenquote zu niedrigeren Bildungsausgaben (vgl. hierzu Wolf 2006a: 214f.[24]).

Der Blick auf die Seniorenquote allein droht allerdings zu verschleiern, dass es weniger der Anteil der Älteren an der Bevölkerung an sich ist, der sich zu Lasten der Bildungsausgaben auswirkt, sondern vor allem die Relation zwischen inaktiven Älteren und der Erwerbsbevölkerung (siehe Abbildung 8[25] und Modell 12 und, für alle 26 Staaten, Modelle 24 u. 34, jeweils samt Erläuterungen in Anhang 3).

---

[23] Ein Drittel der Wähler waren bereits bei der Bundestagswahl 2005 60 Jahre und älter, bei den Unionswählern liegt der entsprechende Anteil sogar bei 39% (Forschungsgruppe Wahlen 2005: 66).
[24] Etwas schwächere demographische Auswirkungen auf die Pro-Kopf-Bildungsaugaben der westlichen Flächenländer identifizieren Baum/Seitz 2003 und Kempkes/Seitz 2006.
[25] Der Korrelationskoeffizient zum Zusammenhang zwischen Bildungsausgabenquote und der Relation zwischen inaktiven Älteren und Erwerbspersonen beträgt r = -0,09.

Abbildung 8:   Streudiagramm öffentliche Bildungsausgabenquote und Relation
der inaktiven Älteren zu den Erwerbspersonen

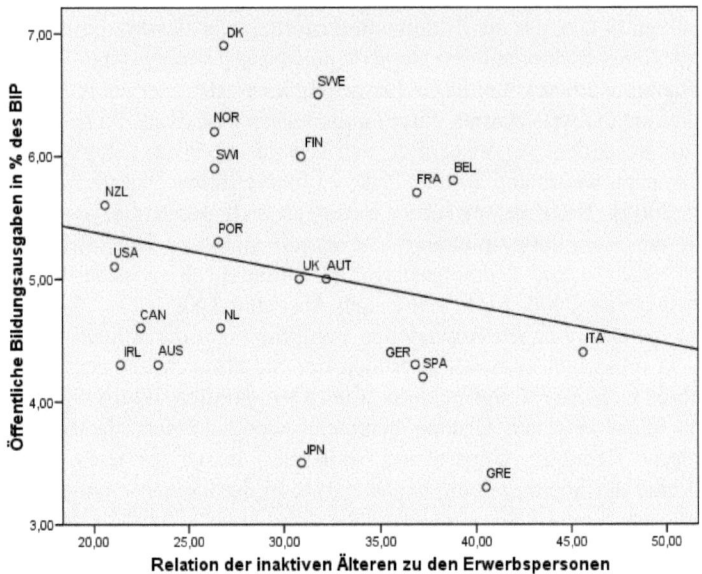

Quelle: Eigene Darstellung auf der Basis von Daten der OECD (für Details siehe Anhang 1)

Deutschlands Position liegt im Übrigen in allen drei Schaubildern zu Demographie und Bildungsbeteiligung – wie bereits gewohnt – unterhalb der Trendlinie, d.h. auch in Relation zu diesen drei Größen sind die öffentlichen Bildungsausgaben in Deutschland eher gering.

2.4 Religiös-kulturelle Prägungen

Religiöse Werte sind eine wichtige Grundlage für politische Präferenzen, gerade im Hinblick auf die Rolle und die Aufgaben des Staates. Sie können auch dann noch wirkmächtig sein, wenn die eigentliche Religiosität im engeren Sinne, bemessen an Gottesdienstbesuch oder Gebetsaktivität, schon länger rückläufig oder nahezu verschwunden ist (vgl. Norris/Inglehart 2004: 17f.).[26] Deshalb lohnt es auch heute noch, beim Vergleich der Staatstätigkeit der entwickelten und demo-

---

[26] Für eine Diskussion verschiedener Einflusskanäle, über die dies geschehen kann, vgl. Castles 1994: 20.

kratischen Industrieländer die konfessionelle Struktur der Bevölkerung zu beachten. Historisch betrachtet waren lutheranisch-protestantische Staaten Vorreiter beim Ausbau des öffentlichen Bildungswesens, während die römisch-katholische Kirche länger neben der Verantwortung für die Armen- und Krankenfürsorge auch diejenige für das Bildungswesen beanspruchte (vgl. Heidenheimer 1981: 270 u. Flora 1986: xviif.). Noch in den 1960ern war daher auch der Katholikenanteil an der Bevölkerung negativ mit den öffentlichen Bildungsausgaben assoziiert, in den folgenden Dekaden kam es jedoch zu Aufholprozessen und einem damit verbundenen positiven Katholizismus-Effekt auf die öffentliche Bildungsfinanzierung (vgl. Castles 1989: 443f.).[27]

Abbildung 9:   Streudiagramm öffentliche Bildungsausgabenquote und Protestantenanteil

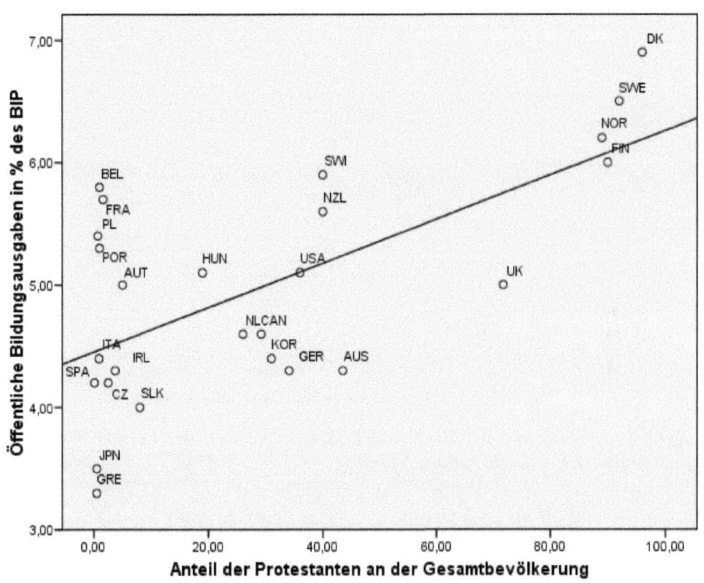

Quelle: Eigene Darstellung auf der Basis von Daten der OECD, des Fischer Weltalmanach und weiterer Quellen (für Details siehe Anhang 1)

---

[27] In Deutschland wurde vor allem nach Pichts Warnung vor der ‚Bildungskatastrophe' (1961) das ‚katholische Bildungsdefizit' stärker thematisiert, was zu vermehrten und gezielten Investitionen im Rahmen der Bildungsexpansionstendenz führte, sodass die zuvor zu konstatierende konfessionsspezifische Bildungsungleichheit hierzulande inzwischen völlig an Bedeutung verloren hat.

Heute lautet der Befund jedoch, dass der Zusammenhang zwischen Protestantismus und öffentlichen Bildungsausgaben deutlich positiv ist (siehe Abbildung 9[28]
und die Modelle 5, 7, 16, 18, 22, 30, 34, 36 u. 37 samt Erläuterungen in Anhang
3), der Effekt des Katholikenanteils dagegen schwach negativ (siehe Abbildung
10[29] und die Modelle 13 bis 15 samt Erläuterungen).[30]

Abbildung 10: Streudiagramm öffentliche Bildungsausgabenquote und
Katholikenanteil

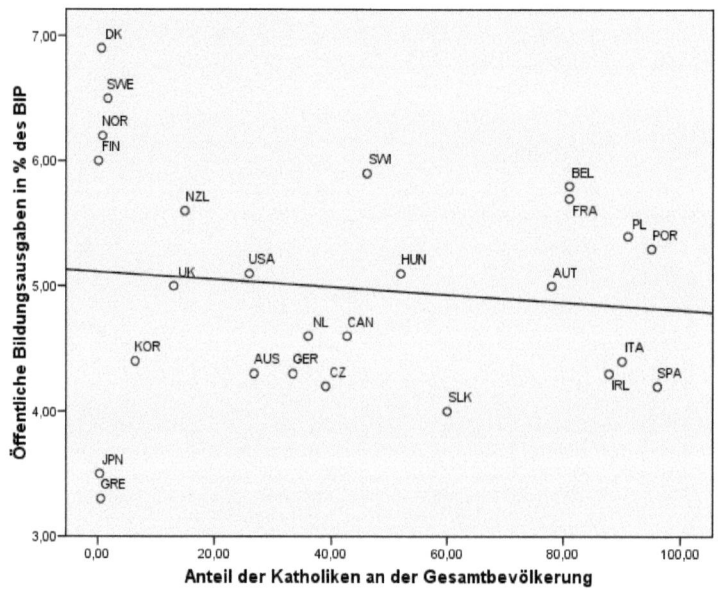

Quelle: Eigene Darstellung auf der Basis von Daten der OECD, des Fischer Weltalmanach und
weiterer Quellen (für Details siehe Anhang 1)

Entscheidend beteiligt an den Ergebnissen ist jeweils die Gruppe der skandinavischen Staaten mit ihren hohen Bildungsausgaben und ihrem hohen Anteil von
Protestanten. (Ohne sie wäre der Protestantismus-Effekt deutlich geringer und
derjenige des Katholizismus würde nahezu verschwinden bzw. in manchen Mo-

---

[28] Der Korrelationskoeffizient zum Zusammenhang zwischen Bildungsausgabenquote und Protestantenanteil beträgt r = 0,65.
[29] Der Korrelationskoeffizient zum Zusammenhang zwischen Bildungsausgabenquote und Katholikenanteil beträgt r = -0,12.
[30] Busemeyer (2007b: 594) dagegen spricht dem Katholizismus im Vergleich der 21 alten Kern-
OECD-Staaten heutzutage überhaupt keinen identifizierbaren Effekt mehr zu.

dellspezifikationen sogar das Vorzeichen wechseln.) Dieses Phänomen wird uns im Weiteren noch mehrfach begegnen und daher auch Thema vertiefter, in Abschnitt 2.9 diskutierter Analysen sein.

Im innerdeutschen Vergleich der Bundesländer wird der Unterschied zwischen den Konfessionen überlagert vom Unterschied zwischen der Kirchenferne in Ostdeutschland, aber auch den westdeutschen Stadtstaaten, und dem recht hohen Kirchenmitgliederanteil in den westdeutschen Flächenländern. Je geringer der Kirchenmitgliederanteil, desto höher ist die Präferenz für staatszentriertere Problembearbeitungsmuster – hier in Gestalt öffentlicher Bildungsausgaben (vgl. Wolf 2006a: 222f.).

Nichtchristliche kulturell-religiöse Traditionen spielen innerhalb der hier untersuchten Ländergruppe in Japan und Korea eine wichtige Rolle. Relevant wird dies für die Erklärung der Bildungsausgaben allerdings nicht auf der öffentlichen, sondern nur auf der privaten Finanzierungsseite – dort aber in besonderem Maße (siehe Abschnitt 3.6).

2.5 Gesellschaftliche Machtressourcen

Die Untersuchung des Einflusses gesellschaftlicher Interessengruppen und insbesondere der Gewerkschaften auf die staatlichen Bildungsausgaben bedarf im deutschen Kontext unter Umständen einer ausführlicheren Begründung als in anderen Ländern. Das nicht etwa, weil der positive Effekt von Gewerkschaftsmacht auf die Sozialausgaben (vgl. etwa Siegel 2002: 49) hierzulande in Zweifel stünde, sondern weil die Bildungspolitik in Deutschland im Gegensatz zur britischen oder skandinavischen Tradition üblicherweise nicht als Teilbereich der Sozialpolitik, sondern als ein distinktes Politikfeld angesehen wird, dem eine andere Funktionslogik und Interessenkonstellation eignet (für Diskussionen von Gründen hierfür vgl. Alber 1986: 4, Allmendinger/Leibfried 2002: 288ff. u. Kaufmann 2001: 972). Da der Klassenkonflikt auch heute noch im Kern ein Kampf um Lebenschancen ist (vgl. Dahrendorf 1988: 29) und das Bildungswesen an deren (Um-)Verteilung wesentlich beteiligt ist, darf Gewerkschaften jedoch generell ein Interesse an großzügigen öffentlichen Bildungsinvestitionen unterstellt werden. Der wachsende Druck auf das Qualifikationsniveau von Ausbildungswilligen und die Weiterqualifikation von Arbeitnehmern lässt hingegen gewerkschaftliche Strategien, die Bildungsausgaben als regressiv in ihrer Verteilungswirkung ansehen und daher für private Finanzierung eintreten (vgl. zu diesen Strömungen Wilensky et al. 1987: 402f. u. Wilensky 1975: 5) als nicht mehr zeitgemäß erscheinen. (Belege für gewerkschaftliche Unterstützung von angebotsseitigen Investitionstrategien lieferte dagegen bereits Boix 1997: 836f.)

Abbildung 11[31] zeigt (wie die Modelle 4, 6, 8 – 12, 17, 18 , 27 – 29 u. 37 samt Erläuterungen in Anhang 3), dass die Gewerkschaftsdichte, also der Anteil der Gewerkschaftsmitglieder an allen Beschäftigten, einer der wichtigsten Einflussfaktoren auf die Bildungsausgaben ist – und zwar mit positivem Vorzeichen. Mehr gewerkschaftlicher Einfluss, auf den man von höheren Gewerkschaftsmitgliederzahlen schließt, führt also zu höheren Bildungsausgaben. Wiederum geht der Effekt zu einem Gutteil auf die skandinavischen Staaten zurück, sodass sowohl deren Rolle als auch das Zusammenspiel von Protestantismus und Gewerkschaftsdichte noch näher beleuchtet werden muss (siehe Modelle 38 bis 40 und die Erläuterungen zu Tabelle A-3-5).

Abbildung 11: Streudiagramm öffentliche Bildungsausgabenquote und Gewerkschaftsdichte

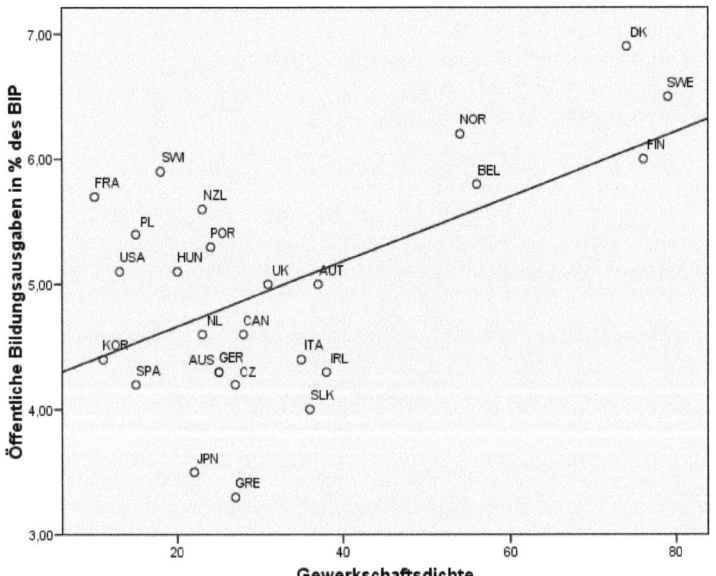

Quelle: Eigene Darstellung auf der Basis von Daten der OECD (für Details siehe Anhang 1)

Die Lage Deutschlands unterhalb der Trendgeraden (die Bildungsausgaben hierzulande sind im internationalen Vergleich also auch unterproportional zur Gewerkschaftsdichte) ist uns inzwischen ja wohlvertraut, in diesem speziellen Fall

---

[31] Der Korrelationskoeffizient ist hier r = 0,56.

kann sie aber etwas konkreter begründet werden: und zwar mit der traditionell relativ nachrangigen Thematisierung des Bildungsthemas durch die deutschen Gewerkschaften, die sich im Vergleich mit den Arbeiterbewegungen später und weniger enthusiastisch diesem Thema widmeten (Alber 1986: 5f.). Im Bundesländervergleich der Bildungsausgaben ist die Gewerkschaftsdichte im Übrigen irrelevant.

Da sowohl Arbeitnehmer- als auch Arbeitgeberorganisationen ein Interesse daran entwickeln können, Aus- und Weiterbildungskosten auf die öffentlichen Haushalte abzuwälzen, können auch institutionalisierte korporatistische Arrangements einen Einfluss auf die staatlichen Bildungsausgaben haben. So ist ein „joint shaping of national policies in competitiveness related matters [like] education" (Siaroff 1999: 189) in verschiedenen Ländern Teil von tripartistischen Absprachen zwischen Arbeitgebern, Gewerkschaften und Regierungen. Und tatsächlich kristallisiert sich ein mittelstark positiver Einfluss der korporatistischen Integration auf die öffentliche Bildungsausgabenquote heraus (siehe Abbildung 12[32] sowie die Modelle 19, 20 und 26 samt Erläuterungen in Anhang 3[33]). Aufgrund eingeschränkter Datenverfügbarkeit des Korporatismusindikators konnte er allerdings nur in der kleineren, 21 Länder umfassenden Gruppe der alten OECD-Demokratien untersucht werden. Die Lage Deutschlands besonders weit unter der Trendlinie dürfte – neben dem eben ausgeführten relativen Desinteresse der deutschen Gewerkschaften am Bildungsthema – unter anderem auch darauf zurück zu führen sein, dass die Bildungsfragen, weil sie unter Länderkompetenz fallen, von politischer Seite kaum kohärent eingebracht werden können.

---

[32] Korrelationskoeffizinet: r = 0,47.
[33] Zur Abschwächung des Korporatismus-Effekts bei gleichzeitiger Berücksichtigung der Gewerkschaftsdichte siehe die Erläuterungen zu Tabelle A-3-5.

Abbildung 12: Streudiagramm öffentliche Bildungsausgabenquote und
korporatistische Integration

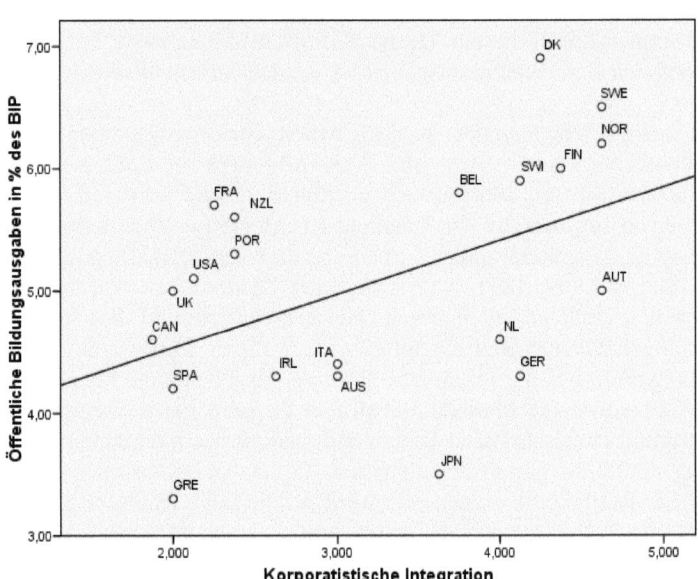

Quelle: Eigene Darstellung auf der Basis von Daten der OECD und aus Siaroff 1999 (für Details
siehe Anhang 1)

2.6 Machen Parteien einen Unterschied?

Machen Parteien einen Unterschied im Hinblick auf die Staatstätigkeit, insbesondere die Staatsausgaben? Seit den 1990er Jahren ist das vordem nahezu un-
eingeschränkte Ja, mit dem diese Frage vordem beantwortet worden ist, für den
Bereich der Sozialpolitik relativiert worden (vgl. Kittel/Obinger 2003: 20; zu
jüngeren, etwas anders akzentuierten Studien über die Arbeitsteilung zwischen
Staat und privaten Akteuren siehe Kapitel 3 und 6). Für die öffentlichen Bildungsausgaben haben sich zwei Parteiendifferenzen als wirkmächtig erwiesen:
Die Stärke liberaler Parteien und das Kräfteverhältnis zwischen linken und säkular-konservativen Parteien. Da sich Parteieneffekte vor allem durch längerfristige
Prägungen kumulativ aufbauen, wurde im Übrigen für alle vier hier untersuchten
Parteienfamilien (zu deren Abgrenzung vgl. Schmidt 1996) nicht der gleichzeiti-
ge, sondern der über die Jahre seit 1990 gemittelte Kabinettssitzanteil herangezogen.

Liberale Parteien setzen sich zwar in der Regel für niedrigere Steuern und geringere Staatsausgaben ein als andere Parteienfamilien. Bildung, die sie oft als ein Bürgerrecht ansehen, ist ihnen aber meist wichtiger als andere Bereiche der Staatstätigkeit, insbesondere transferintensive sozialpolitische Programme. Diese Bildungsfreundlichkeit überlagert den Bremseffekt auf die generelle Staatstätigkeit, und so bleibt ein deutlicher positiver Einfluss liberaler Regierungsbeteiligung auf die öffentlichen Bildungsausgaben (siehe Abbildung 13[34] sowie die Modelle 1, 4 – 11, 13, 18, 21, 28 u. 29 samt Erläuterungen in Anhang 3).[35]

Abbildung 13: Streudiagramm öffentliche Bildungsausgabenquote und durchschnittlicher Kabinettssitzanteil liberaler Parteien

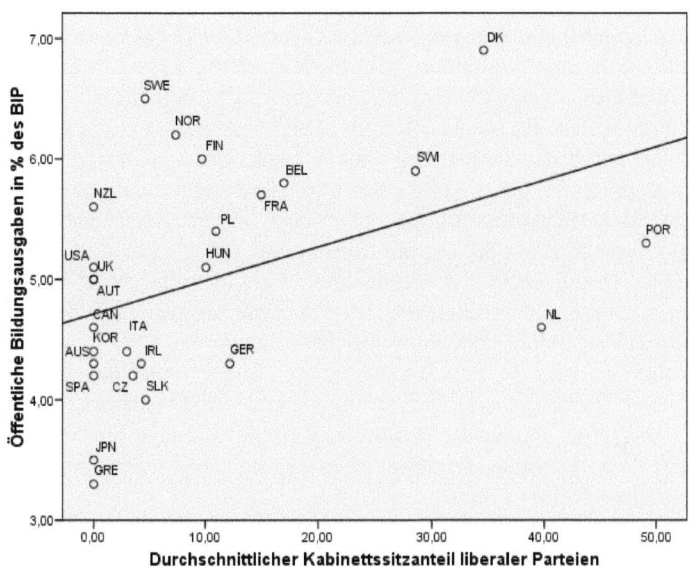

Quelle: Eigene Darstellung auf der Basis von Daten der OECD und aus der Lehrstuhldatenbank von Manfred G. Schmidt (für Details siehe Anhang 1)

Im Bundesländervergleich ist dieser ebenfalls spürbar (vgl. Wolf 2006a: 221). Alber (1986: 104) bezeichnet die Bildungspolitik im Übrigen als das einzige

---

[34] Der Korrelationskoeffizient zwischen Bildungsausgabenquote und dem durchschnittlichen Kabinettssitzanteil liberaler Parteien seit 1990 beträgt r = 0,41.
[35] Besonders tritt dieser Effekt in Zeiten wirtschaftlichen Wachstums hervor, dessen Früchte Liberale stärker als die anderen Parteifamilien dem Bildungswesen zukommen lassen (vgl. Schmidt et al. 2006: 69).

Politikfeld, auf dem die FDP zumindest zeitweise den Sozialdemokraten näher gewesen ist als der Union. Linken Parteien werden gemeinhin Präferenzen für höhere Staatsausgaben in fast allen Bereichen zugeschrieben. Welche relative Position die Bildung gegenüber anderen Posten in der Präferenzordnung kommunistischer, sozialistischer und sozialdemokratischer Parteien einnimmt, ist dagegen weniger eindeutig zu bestimmen bzw. umstritten. Manche Beobachter sehen die Essenz des sozialdemokratischen Wohlfahrtsstaats gerade nicht in der Dekommodifizierung, sondern der möglichst guten Qualifikation für die Teilnahme am Arbeitsleben: „[T]he essence of the social democratic welfare state is not decommodification, but rather high qualification for and participation in the labor market" (Huber/Stephens 2001: 184). Weitere Belege für von Linksparteien verfolgte angebotsseitige Investitionsstrategien finden sich bei Boix (1997 u. 1998) und Busemeyer (2007c: 21; hier kombiniert mit der Vermutung, dass dies auch aus wahlstrategischen Gesichtspunkten im Wettbewerb um Mittelschichtswähler geschehe). Andere weisen dagegen zu Recht darauf hin, dass sich gerade in Zeiten knapper Kassen Sozialdemokraten einem besonders schwierigen Zielkonflikt zwischen angebotsseitigen Investitionen in die Bildung und klassischen, transferintensiven Sozialstaatsprogrammen gegenüber sehen: „Social Democratic parties mainly have to deal with the pensions versus schools dilemma" (Armingeon 2006: 119). ,Traditionelle', ,modernisierte' und ,liberalisierte' Sozialdemokratien (vgl. zu dieser Unterscheidung Petring/Henkes/Egle 2007) formulieren in solchen Situationen nicht unbedingt dieselben Antworten.

Säkular-konservative Parteien bevorzugen in der Regel dagegen privat betriebene und weitestgehend privat finanzierte Bildungseinrichtungen (vgl. Castles 1994: 184), sodass die theoretische Erwartungslage hier eindeutig ist – mit höherer konservativer Regierungsbeteiligung sollten geringere öffentliche Bildungsausgaben einer gehen.

Der tatsächliche Einfluss linker Regierungsparteien auf die Höhe der Bildungsausgaben ist positiv (siehe Abbildung 14[36] sowie Modell 21 in Anhang 3) und derjenige säkular-konservativer Parteien negativ (siehe Abbildung 15[37] und die Modelle 2, 14 – 17, 25, 26 u. 36 samt Erläuterungen in Anhang 3).

---

[36] Der Korrelationskoeffizient zwischen Bildungsausgabenquote und dem durchschnittlichen Kabinettssitzanteil linker Parteien seit 1990 beträgt r = 0,35.

[37] Der Korrelationskoeffizient zwischen Bildungsausgabenquote und dem durchschnittlichen Kabinettssitzanteil konservativer Parteien seit 1990 beträgt r = -0,40.

Abbildung 14: Streudiagramm öffentliche Bildungsausgabenquote und durchschnittlicher Kabinettssitzanteil linker Parteien

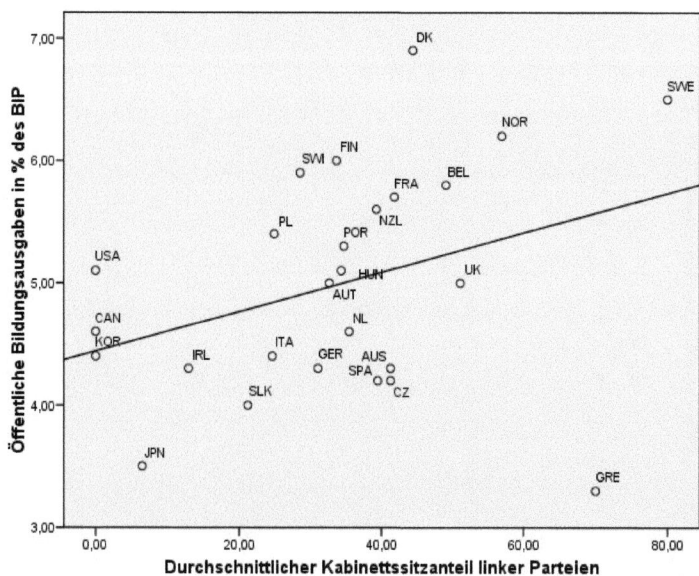

Quelle: Eigene Darstellung auf der Basis von Daten der OECD und aus der Lehrstuhldatenbank von Manfred G. Schmidt (für Details siehe Anhang 1)

Abbildung 15: Streudiagramm öffentliche Bildungsausgabenquote und
durchschnittlicher Kabinettssitzanteil konservativer Parteien

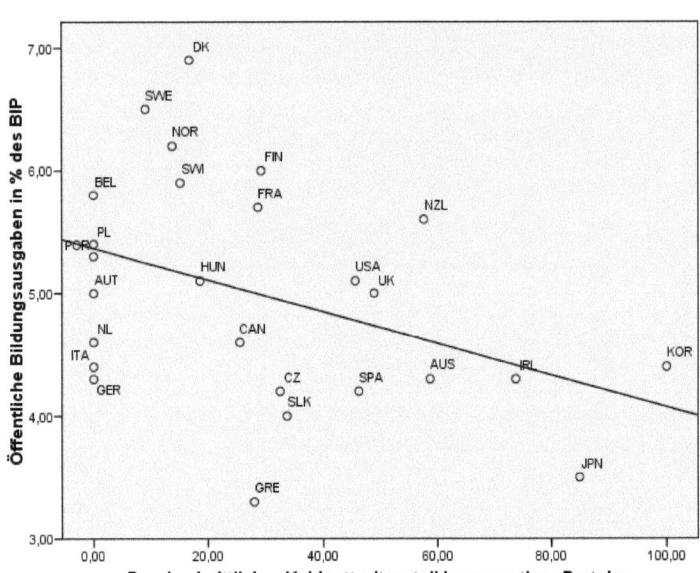

Quelle: Eigene Darstellung auf der Basis von Daten der OECD und aus der Lehrstuhldatenbank von
Manfred G. Schmidt (für Details siehe Anhang 1)

Noch deutlicher treten die unterschiedlichen Auswirkungen von linken und säkular-konservativen Parteien hervor, wenn man die Differenz zwischen ihren Kabinettssitzanteilen zur Erklärung heranzieht. Sie hat einen starken positiven Effekt
auf die Bildungsausgabenquote (siehe Abbildung 16[38] und die Modelle 22 – 24,
27, 28, 35 u. 37 samt Erläuterungen in Anhang 3). Deutschland liegt hier besonders weit unter der Trendlinie: Die parteipolitischen Voraussetzungen für höhere
Bildungsausgaben sind eigentlich gar nicht schlecht, doch trotz der Abwesenheit
einer säkular-konservativen Konkurrenz auch auf Landesebene führen sozialdemokratische Regierungen in Deutschland nicht in mit dem internationalen Trend
vergleichbarer Weise zu vermehrten Bildungsinvestitionen. Und auch im Bundesländervergleich geben SPD-regierte Länder spürbar weniger für Bildung aus
als die Konkurrenz (vgl. Wolf 2006a: 220f.). Warum ist das so? Teil einer Antwort könnte sein, dass sich sozialdemokratische Parteien im internationalen Ver-

---

[38] Der Korrelationskoeffizient zwischen Bildungsausgabenquote und der Differenz zwischen den
durchschnittlichen Kabinettssitzanteilen linker und konservativer Parteien seit 1990 beträgt r = 0,45.

gleich besonders für den Ausbau des beruflichen Bildungswesens einsetzen, von dem ihre Kernanhängerschaft (zumindest vermeintlich) stärker profitiert als von Investitionen in die Sekundarstufe II und das Hochschulwesen. In Deutschland aber wird die berufliche Bildung zu einem Großteil privat durch die Betriebe finanziert. Zudem hat, so Albers These (vgl. Alber 1986: 5f.), die deutsche Arbeiterbewegung historisch betrachtet Bildung vergleichsweise nachrangig thematisiert, nicht zuletzt weil der (preußische) Staat sich hier früher als anderswo dafür zuständig fühlte. Zur Gänze erklären lässt sich dadurch die relativ stiefmütterliche Behandlung des Bildungswesens durch die deutsche Sozialdemokratie im Gegensatz zu den Linksparteien anderer Länder aber nicht – hier liegt weiterer Forschungsbedarf, und durchaus auch einige politische Brisanz.

Abbildung 16:   Streudiagramm öffentliche Bildungsausgabenquote und Differenz der durchschnittlichen Kabinettssitzanteile linker und konservativer Parteien

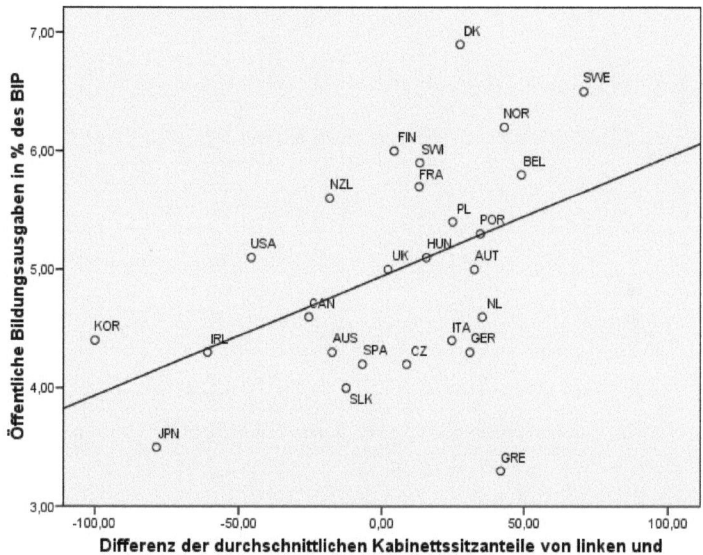

Quelle: Eigene Darstellung auf der Basis von Daten der OECD und aus der Lehrstuhldatenbank von Manfred G. Schmidt (für Details siehe Anhang 1)

Christliche Mitte-Parteien (inklusive der deutschen Christdemokratie) schließlich setzen weniger auf Arbeitsmarktqualifikation als Sozialdemokraten (vgl. Huber/Stephens 2001: 184), sondern (zumindest bis vor nicht allzu langer Zeit) eher

auf Verknappung des Arbeitskräfteangebots durch Frühverrentung und familien-
politische Weichenstellungen. Zugleich sind sie aber die wohlfahrtsstaats- und
damit staatsausgabenfreundlichste bürgerliche Partei (ibid.: 193). Diese Ambiva-
lenz auf theoretischer Ebene korrespondiert auf der empirischen mit einem sehr
schwachen, aber negativen Effekt (siehe Abbildung 17[39] und die Modelle 17 und
20 in Anhang 3), wohingegen Busemeyer (2007b: 603) im Vergleich der 21 alten
OECD-Demokratien für frühere Jahre in Phasen wirtschaftlicher Prosperität
einen positiven Christdemokratie-Effekt festgestellt hat.

Abbildung 17: Streudiagramm öffentliche Bildungsausgabenquote und
durchschnittlicher Kabinettssitzanteil christlicher Mitte-Parteien

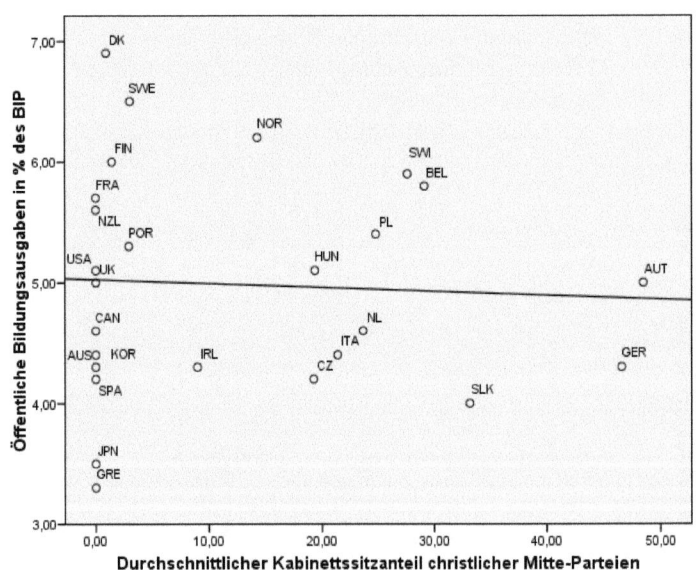

Quelle: Eigene Darstellung auf der Basis von Daten der OECD und aus der Lehrstuhldatenbank von
Manfred G. Schmidt (für Details siehe Anhang 1)

Im Übrigen sind Schmidt et al. (2006: 116f.) zufolge die Parteieneffekte in der
21 Staaten umfassenden Gruppe der alten OECD-Demokratien stärker als in der
größeren Gruppe der dort untersuchten 28 Länder, und laut Nikolai (2007a: 213)

---

[39] Der Korrelationskoeffizient zwischen Bildungsausgabenquote und dem durchschnittlichen Kabinettssitzanteil christlicher Mitte-Parteien seit 1990 beträgt r = -0,05.

und Busemeyer (2006a: 308) in den 1990er Jahren schwächer als sie noch in den 1980ern gewesen waren.

2.7 Politisches Institutionensystem

Neben den Parteieneffekten ist auch denjenigen des politischen Institutionensystems im Vergleich der Sozialausgaben für die Zeit seit den 1990er Jahren eine geringere Bedeutung als in früheren Dekaden attestiert worden (vgl. Kittel/Obinger 2003: 32). Ganz so eindeutig ist die Situation im Bildungsbereich jedoch nicht: Hier gibt es einerseits eine Gruppe von Einflussfaktoren, welche nicht die theoretisch erwarteten, sondern überhaupt keine erwähnenswerten Einflüsse auf die Bildungsausgaben ausüben. Dazu gehören sowohl der Föderalismus als auch die fiskalische Dezentralisierung, also finanzpolitische Kompetenzen auf regionaler oder lokaler Ebene. Staaten, in denen Letztere gegeben waren, gehörten einstmals zu den Vorreitern beim Ausbau des öffentlichen Bildungssystems (vgl. Lindert 2004: 105; zur Sonderstellung der USA auch Amenta/Skocpol 1989: 299), doch offenbar spielt sie für die gegenwärtige öffentliche Bildungsfinanzierung keine Rolle mehr. Föderalen Staaten wird dagegen ein vergleichsweise zurückhaltender Umgang mit öffentlichen Mitteln zugeschrieben (vgl. etwa Huber/Stephens 2001). Offenbar geht dies aber nicht oder zumindest nicht mehr zu Lasten des Bildungswesens. (Warum sowohl Föderalismus als auch fiskalische Dezentralisierung für die private Bildungsfinanzierung dennoch weiterhin relevant sind, wird in Kapitel 3 dargestellt.[40])

Andererseits haben drei andere institutionelle Faktoren durchaus spürbare Effekte, nämlich das System der beruflichen Bildung, die EU-Mitgliedschaft und die Vetospielerstruktur. Vetospieler sind solche politisch institutionalisierten Akteure, die eine Veränderung des Status quo verhindern können. Je größer ihre Zahl in einem System ist, desto begrenzter ist der Handlungsspielraum für Regierungsmehrheiten, und umso langsamer und kleinschrittiger laufen tendenziell die Entscheidungs- und Reformprozesse ab. Dass viele Vetospieler auch die öffentlichen Bildungsausgaben zügeln, zeigt Abbildung 18[41], in der diese gegen den Vetospielerindex nach Schmidt (2000) abgetragen sind. (Siehe auch die Modelle 25 und 26 samt Erläuterungen in Anhang 3).

---

[40] Zu den gegensätzlichen Auswirkungen von Dezentralisierung und Föderalismus auf die (fiskal-) politische Performanz vgl. auch Ehlert/Hennl/Kaiser 2007.
[41] Die bivariate Korrelation zwischen Bildungsausgabenquote und Vetospielerindex beträgt -0,17.

Abbildung 18: Streudiagramm öffentliche Bildungsausgabenquote und
                Schmidt'scher Veto-Index

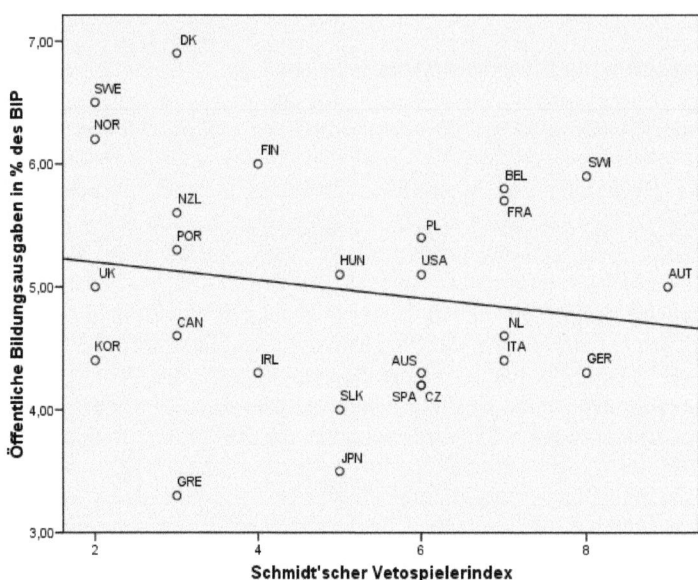

Quelle: Eigene Darstellung auf der Basis von Daten der OECD und aus der Lehrstuhldatenbank von
Manfred G. Schmidt (für Details siehe Anhang 1)

Dass Deutschland ein Staat vieler Vetospieler ist, trägt bei zu einer Erklärung
seiner relativ geringen öffentlichen Bildungsausgaben. Wiederum ist Deutschland allerdings unter der Trendlinie positioniert, d.h. im Verhältnis zur Vetospie-
lerdichte müsste die öffentliche Bildungsfinanzierung gar nicht ganz so zurück-
haltend sein.

Der EU-Mitgliedschaft, die Teil des Vetoindexes ist, kann auch ein eigen-
ständiger dämpfender Effekt auf die Bildungsausgaben zugeordnet werden (siehe
Modelle 27 und 28 in Anhang 3), wenn zusätzlich für die Parteiendifferenz zwischen Linken und Konservativen kontrolliert wird. Zu einem Teil mag dies auf
die von der EU ausgehende Haushaltsdisziplinierung zurückgehen, zu einem
anderen auf Vorfahrt für andere Politikfelder auf europäischer Ebene.[42]

Wie die berufliche Bildung institutionalisiert ist, hängt nicht nur eng mit der
Art und Weise zusammen, wie sich ein nationales marktwirtschaftliches System
auf dem Weltmarkt positioniert und den Sozialschutz organisiert (vgl.

---

[42] Irrelevant ist hingegen die Dauer der EU-Mitgliedschaft.

Hall/Soskice 2001: 25ff. u. Iversen 2005: 5). Berufsbildungssysteme, die auf schulische oder wie das deutsche duale System[43] auf die Kombination schulischer und betrieblicher Ausbildung setzen, bringen auch höhere öffentliche Bildungsausgaben mit sich (siehe Modelle 29 bis 31 in Anhang 3 sowie die Erläuterungen dazu), Systeme mit reiner betrieblicher Ausbildung dagegen niedrigere (siehe Modell 32). In Deutschland ist der Effekt des dualen Berufsbildungssystems allerdings vor allem auf Seiten der privaten Bildungsausgaben (siehe hierzu Kapitel 3) spürbar.

2.8 Finanzierungsbedingungen und Programmkonkurrenz

Wer die Ausgaben für einen bestimmten Bereich der Staatstätigkeit untersucht, tut gut daran, auch die allgemeine finanzpolitische Konstellation in den Blick zu nehmen. Hinzu tritt dann außerdem die Frage, ob sich diese allgemeine Lage auf alle Bereiche gleichermaßen auswirkt oder ob Asymmetrien und dadurch verdeutlichte Konkurrenzbeziehungen feststellbar sind. Zunächst kann festgehalten werden, dass ein enger positiver Zusammenhang zwischen der (für die hier vorgenommene Analyse um die Bildungsausgaben reduzierten) allgemeinen Staatsquote, also dem Anteil der Staatsausgaben am Wirtschaftsprodukt, und der Bildungsausgabenquote besteht (siehe Abbildung 19[44] und die Modelle 3 und 12 in Anhang 3 samt Erläuterungen). Je höher die Staatsausgaben sind, desto höher sind also auch die Bildungsausgaben. Allerdings gibt es um diese zentrale Tendenz eine deutliche Streuung – und Deutschland gibt, wie bereits sattsam bekannt, relativ zu seiner recht hohen, der neunthöchsten, Staatsquote besonders wenig für die Bildung aus.

---

[43] Zu seiner Evolution vgl. Thelen 2003: 222ff.
[44] Der bivariate Korrelationskoeffizient beträgt r = 0,50.

Abbildung 19: Streudiagramm öffentliche Bildungsausgabenquote und
Staatsquote (ohne Bildungsausgaben)

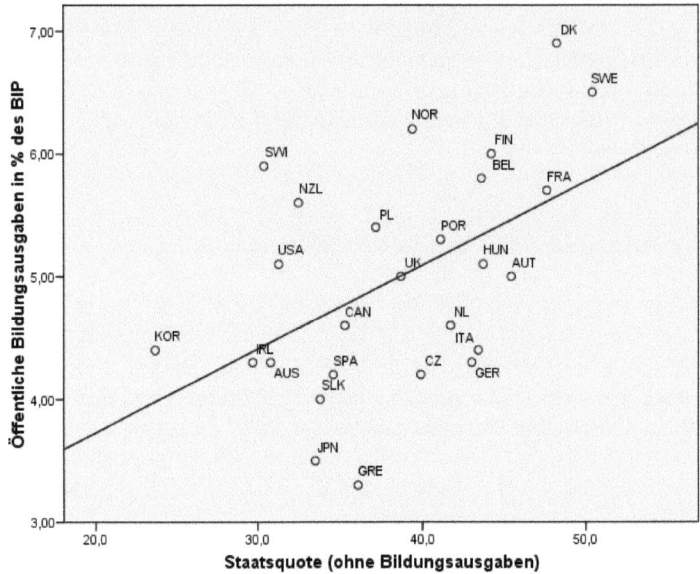

Staatsquote (ohne Bildungsausgaben)

Quelle: Eigene Darstellung auf der Basis von Daten der OECD (für Details siehe Anhang 1)

Ähnlich ist der Befund, wenn man statt der Staatsquote die Steuereinnahmen
(inklusive der Sozialversicherungsbeiträge) betrachtet, der Zusammenhang ist
allerdings enger und der Effekt stärker (siehe Abbildung 20[45] und Modelle 33
und 34 in Anhang 3 samt Erläuterungen). Zieht man nur die Steuern auf Einkommen, Gewinne, Güter und Dienstleistungen heran und lässt (neben einigen
quantitativ wenig bedeutsamen Steuerarten) die Sozialversicherungsbeiträge, aus
denen ja keine Bildungsaufgaben finanziert werden, beiseite, ergibt sich endgültig ein stark positiver Zusammenhang.[46]

---

[45] Hier ist r = 0,64.
[46] Denn dann steigt r auf 0,72.

Abbildung 20: Streudiagramm öffentliche Bildungsausgabenquote und Steueraufkommen (inkl. Sozialversicherungsbeiträge)

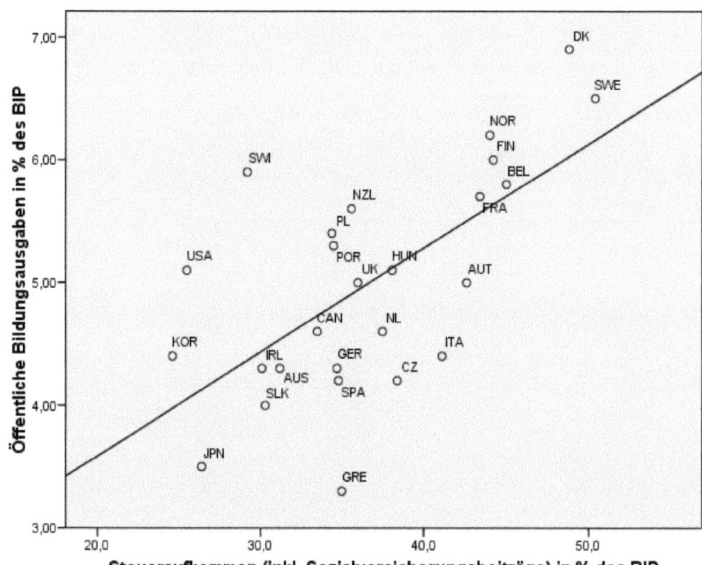

Quelle: Eigene Darstellung auf der Basis von Daten der OECD (für Details siehe Anhang 1)

In Deutschland ist der Anteil der Sozialversicherungsbeiträge an den öffentlichen Einnahmen besonders hoch, derjenige der Steuern dagegen relativ niedrig. Das wirkt sich nachteilig aus auf die Ressourcenausstattung derjenigen Politikfelder, die steuerfinanziert werden – wie etwa die Bildung (vgl. Schmidt 2004a: 20).[47]

Auch in anderen Ländern, wo die Finanzierungsbedingungen ein solches Konkurrenzverhältnis nicht schon strukturell anlegen, wäre es aber, ganz unabhängig von der jeweiligen Höhe der Staatsquote, prinzipiell vorstellbar, dass verschiedene Bereiche der Staatstätigkeit um öffentliche Mittel konkurrieren und dass sie asymmetrisch bedacht werden. Denn

„we might say that when policy makers or the public embrace a commitment to some important public value, there is no reason to believe they simultaneously con-

---

[47] Wagschal (2005: 419) nennt „die Verlagerung der öffentlichen Einnahmen in die Sozialversicherungskassen" eine Strategie, mittels derer „Vetospieler zu umgehen sind" (und so der durch diese beförderten Reformträgheit entgegengewirkt werden kann). Hier liegt allerdings auch die Wurzel für eine selbstverstärkende Dynamik zu Lasten steuerfinanzierter Landesaugaben wie der Bildungspolitik.

sider and settle its importance relative to all other public values." (Thatcher/Rein 2004: 482)

Abbildung 21[48] verdeutlicht allerdings, dass kein inverser Zusammenhang zwischen den Bildungsausgaben und dem größten Block der Staatsausgaben, nämlich jenem für Soziales, besteht, sondern ein eindeutig positiver.[49]

Abbildung 21: Streudiagramm öffentliche Bildungsausgabenquote und Sozialausgabenquote

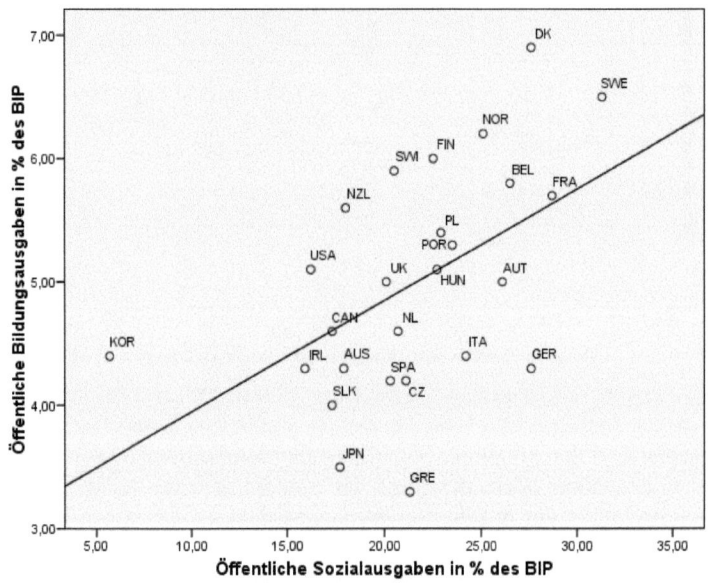

Quelle: Eigene Darstellung auf der Basis von Daten der OECD (für Details siehe Anhang 1)

Deutschland, wo wir im Bundesländervergleich Konkurrenzeffekte sowohl zur Sozialpolitik als auch zu derjenigen der Inneren Sicherheit feststellen können (vgl. Wolf 2006a: 217f.), ist hier also eher eine Ausnahme – mit negativen Folgen für das deutsche Bildungswesen. Heißt es doch sogar im ersten von Bundesregierung und Kultusministerkonferenz in Auftrag gegebenen Bildungsbericht, dass

---

[48] Der Korrelationskoeffizient zwischen Bildungs- und Sozialausgabenquote beträgt r = 0,52.
[49] Dieser bestätigt sich im Übrigen auch in hier nicht abgedruckten Regressionsmodellen.

„[d]ie Entwicklung der öffentlichen Haushalte und das – im internationalen Vergleich – geringe Gewicht der öffentlichen Bildungsausgaben [...] die Umsetzung intendierter Reformen des Bildungssystems [gefährdet]." (Avenarius et al. 2003: 18)

Das frühe Ende der bildungspolitischen Ausbaustrecke in Deutschland hatte im Übrigen auch damit zu tun, dass die Finanzminister von Bund und Ländern die im Bildungsgesamtplan von 1973 vorgesehenen Mittel nicht aufbringen mochten und für diese Position Rückendeckung von der Ministerpräsidentenkonferenz erhielten. Als hellsichtig erwies sich diesbezüglich Pichts Einschätzung von 1964:

„Die Zukunft der [...] Schule wird von den Finanzministern entschieden. Den Finanzministern sind aber die Hände gebunden, solange die Wähler nicht bereit sind, an anderer Stelle die Opfer zu bringen, ohne die ein Ausbau des Bildungswesens nicht möglich ist." (Picht 1964: 42)

Was die Programmkonkurrenz im internationalen Vergleich anbelangt, hat Nikolai (2007a: 194ff.) in ihrer nach verschiedenen Unterarten der Sozialausgaben differenzierten Analyse im Vergleich von 28 OECD-Staaten (den hier untersuchten plus Mexiko und der Türkei) einen Konkurrenzeffekt zwischen den Ausgaben für die Alterssicherung und den Bildungsausgaben festgestellt (in ihrem Fall im Durchschnitt von 1990 bis 2002).[50] Für das hier untersuchte Jahr 2004 lässt sich dieser so eindeutig nicht finden[51], Indizien in der Form einzelner Regressionsmodelle, die ein negatives Vorzeichen erbringen, gibt es aber durchaus (siehe Modell 35 in Anhang 3).

Ebenfalls zu Lasten der Bildung auswirken könnte sich, so die theoretische Erwartung, die Staatsverschuldung. Die Schuldenquote bzw. die daraus resultierende Zinslast[52] hat einen eindeutigen negativen Effekt auf die Bildungsausgabenquote (siehe Abbildung 22[53] und die Modelle 8, 15, 19 – 21, 23, 25, 26, 33 u. 38 in Anhang 3). Verantwortlich sind für diesen Effekt drei besonders hoch verschuldete Staaten: Italien, Griechenland und Japan. Ohne diese verliert er circa

---

[50] Lindert (2004, Band II: 72) zufolge sind im OECD-Ländervergleich seit den 1960er Jahren auch höhere Militärausgaben tendenziell auf Kosten von Bildungsausgaben (und auch Gesundheitsausgaben) gegangen.

[51] Der Korrelationskoeffizient zwischen Alterssicherungs- und Bildungsausgabenquote liegt bei r = 0,03.

[52] „Etwa zur Mitte der neunziger Jahre dürften die Zinszahlungen die Höhe der Bildungsausgaben überschreiten" prognostizierten Budde/Klemm (1994: 102) vor etwa anderthalb Jahrzehnten für den deutschen Fall. Und sie behielten recht. (Je nach Berechnungsgrundlage überstieg die Zinslast- die Bildungsausgabenquote sogar schon 1992.)

[53] Der bivariate Korrelationskoeffizient zwischen Schulden- und Bildungsausgabenquote beträgt r = -0,31.

vier Fünftel seiner Substanz. Daraus kann (zumindest vorläufig) geschlossen werden, dass die Staatsverschuldung vor allem oberhalb einer kritischen Grenze von etwa 100% des BIP für die Bildungsausgaben kritisch ist. Einen ähnlichen Befund erbringt im Übrigen der Bundesländervergleich, wo das ruinös verschuldete Berlin für den negativen Effekt der öffentlichen Schulden auf die öffentliche Bildungsfinanzierung alleinverantwortlich ist (vgl. Wolf 2006a: 218).

Abbildung 22:   Streudiagramm öffentliche Bildungsausgabenquote und
Staatsverschuldung

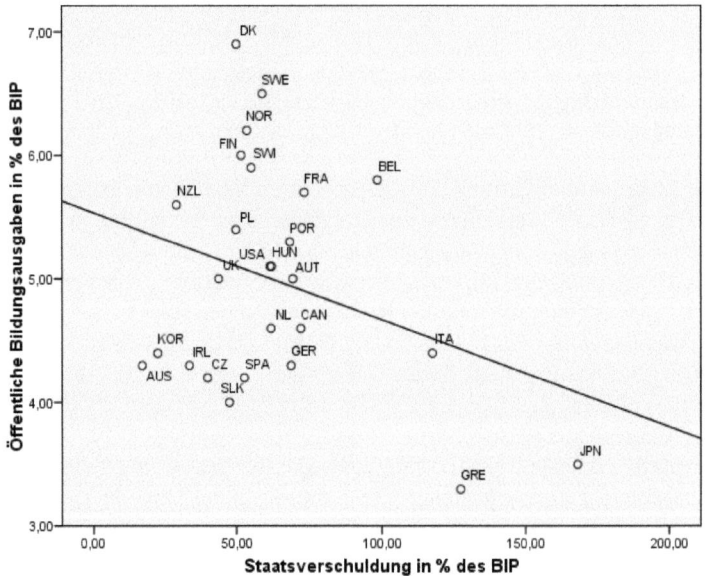

Quelle: Eigene Darstellung auf der Basis von Daten der OECD (für Details siehe Anhang 1)

Die Kreditfinanzierung öffentlicher Haushalte wirkt sich ebenfalls auch schon kurzfristig negativ auf die Bildungsausgaben aus (siehe Abbildung 23[54] und Model 36 in Anhang 3). (Diese Variable ist so kodiert, dass ein Haushaltsüberschuss ein positives und ein Defizit ein negatives Vorzeichen hat. Deshalb bedeutet der positive Zusammenhang einen negativen Effekt der Nettokreditaufnahme.) Dieser Effekt beruht allerdings rund zur Hälfte auf drei Sonderfällen,

---

[54] Der bivariate Korrelationskoeffizient zwischen Saldo- und Bildungsausgabenquote beträgt r = 0,52.

nämlich Griechenland und Japan mit ihren großen Defiziten sowie Norwegen mit seinem hohen Haushaltsüberschuss.[55]

Abbildung 23: Streudiagramm öffentliche Bildungsausgabenquote und Haushaltsdefizit (bzw. -überschuss)

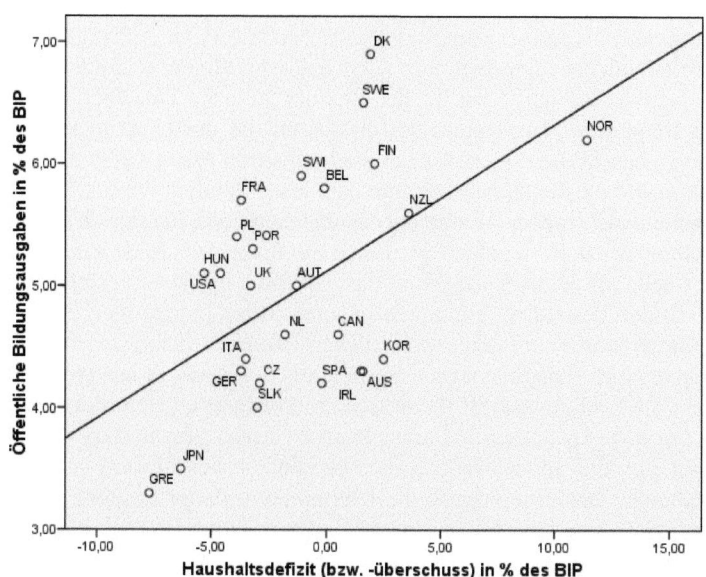

Quelle: Eigene Darstellung auf der Basis von Daten der OECD (für Details siehe Anhang 1)

2.9 Beachtenswerte Besonderheiten

An dieser Stelle sollen einige Besonderheiten einzelner Effekte, Länder und Ländergruppen dargestellt werden. Gerade im Hinblick auf die zu entwickelnden Strategien, aber auch um einer aufrichtigen Berichterstattung über die Befunde der Analysen der öffentlichen Bildungsausgaben und ihrer Determinanten willen, sind solche Differenzierungen vonnöten, wenn sie auch ab und an Gefahr laufen mögen, den Leser zu verwirren.

---

[55] Im Bundesländervergleich gehen größere Haushaltsdefizite mit höheren Bildungsausgaben einher (vgl. Wolf 2006a: 219). Die in den 1990er Jahren schnell angewachsene Verschuldung der neuen Länder bei gleichzeitigen großen (nachholenden) Investitionen in das Bildungswesen verzerrt den entsprechenden Befund allerdings, und es lässt sich darauf schon allein deshalb (in Kapitel 6) kein nachhaltiges Ausbauszenario begründen.

Zunächst bietet es sich an, nochmals auf den Zusammenhang zwischen drei wichtigen erklärenden Variablen, nämlich dem Protestantenanteil, der Gewerkschaftsdichte und der Differenz zwischen den Kabinettssitzanteilen linker und konservativer Parteien, einzugehen. Alle drei haben einen positiven Effekt auf die öffentlichen Bildungsausgaben – und eine wichtige Rolle spielt dabei jeweils die Gruppe der skandinavischen Staaten. Integriert man diese drei Variablen in ein gemeinsames Regressionsmodell (siehe Modell 37 in Anhang 3), wird der Gewerkschaftsdichte allerdings nur noch ein sehr kleiner Zusatzeffekt zu den anderen beiden zugeschrieben. In der Realität sind die einzelnen Effekte aber kaum so trennscharf auseinander zu dividieren. Es dürfte sich, gerade in den skandinavischen Staaten, vielmehr um die Interaktion dieser Größen, genauer die Kumulation ihrer Effekte, handeln, die sich als besonders wirkmächtig erweist. Da sie jeweils als Prozent-Anteile operationalisiert sind, bietet sich eine additive Verknüpfung der drei Variablen an. Diese Summenvariable ist sehr erklärungskräftig[56] (siehe Modelle 38 und 39, in die zusätzlich die Staatsverschuldung bzw. der Anteil der besonders bildungsrelevanten Altersgruppe der 5-24-Jährigen aufgenommen wurde, um deren zusätzlichen Effekt zu demonstrieren). Schließt man hingegen die skandinavischen Staaten aus der Analyse aus (wie in Modell 40), bricht die Erklärungskraft (bemessen am korrigierten Determinationskoeffizienten) um zwei Drittel ein.[57] Daraus kann zweierlei geschlossen werden: Zum einen lässt sich die Spitzenstellung der skandinavischen Staaten in der öffentlichen Bildungsfinanzierung durch die Kombination dreier Größen, nämlich des Protestantismus, des gewerkschaftlichen Einflusses und der Linksparteienmacht, gut erklären. Zum anderen sind diese Faktoren weit weniger erklärungskräftig, wenn man nur die übrigen Staaten in den Blick nimmt. Für die auch in dieser restlichen Gruppe beträchtliche Variation der Bildungsausgaben haben hingegen einige andere Variablen eine höhere relative Erklärungskraft, namentlich das Berufsbildungssystem, das Verhältnis von inaktiven Älteren zur Erwerbsbevölkerung, die Staatsverschuldung und die Nettokreditaufnahme.

In Abbildung 24 sind die Vorhersagewerte eines Regressionsmodells gegen die davon nicht-erklärbare Variation, die sogenannten Residuen, abgetragen. Daran kann man die Verteilung des Erklärungserfolgs über die untersuchten Länder ablesen. Je nach Modell ergibt sich ein je eigenes Bild, und es wäre unmöglich, sie hier alle abzubilden, aber dieses ist ziemlich typisch.[58] Besonders schlecht ist der Erklärungserfolg für Frankreich, das in der Wirklichkeit deutlich

---

[56] Die bivariate Korrelation zwischen der Summenvariable (Protestantenanteil + Gewerkschaftsdichte + Differenz zwischen den Kabinettssitzanteilen linker und konservativer Regierungen) ist $r = 0,71$.
[57] Die bivariate Korrelation beträgt dann nur noch $r = 0,36$.
[58] Erfreulich ist an der Residuenstreuung, dass ihre Größe nicht mit den Vorhersagewerten abnimmt oder steigt, was auf Heteroskedastizität hindeuten würde.

höhere Bildungsausgaben aufweist als vom Modell vorhergesagt, und für Griechenland, wo sie weitaus geringer ausfallen. Welche Sonderfaktoren, die in diesen Ländern wirksam sind, könnten dafür verantwortlich sein? Green (1999: 67)
betont in seiner Studie zur Widerstandsfähigkeit bestimmter nationaler Bildungssysteme gegenüber globalisierungsbedingten Konvergenztendenzen, dass das
Leitmotiv der französischen Bildungspolitik und ihrer gesellschaftlichen Funda-
mente dem (Zentral-)Staat eine besonders weitreichende Verantwortung zuweist:

> „According to the republican ideal, it is the duty of the state to ensure that education
> is universal, that it provides equal opportunities to all, and that it serves the national
> interests, not least promoting national values and social solidarity."

Außerdem spielen auf dem französischen Arbeitsmarkt staatliche (und an öffentlich finanzierten Einrichtungen erworbene) Zertifikate der beruflichen (Aus-)
Bildung eine weitaus größere Rolle als in anderen Ländern (ibid.: 68; für weitere
tiefschürfende Analysen des französischen Bildungswesens mit ähnlichen Ergebnissen vgl. auch Culpepper 2003 u. Heidenheimer/Heclo/Adams 1990). Beides wird von den hier bisher berücksichtigten Erklärungsgrößen nicht abgedeckt,
und zusammen dürften diese Aspekte einen Gutteil der die Prognosen übertref-
fenden französischen Bildungsausgaben erklären.

Abbildung 24: Residuen und Vorhersagewerte zu einem typischen Modell
(öffentliche Bildungsausgaben)[59]

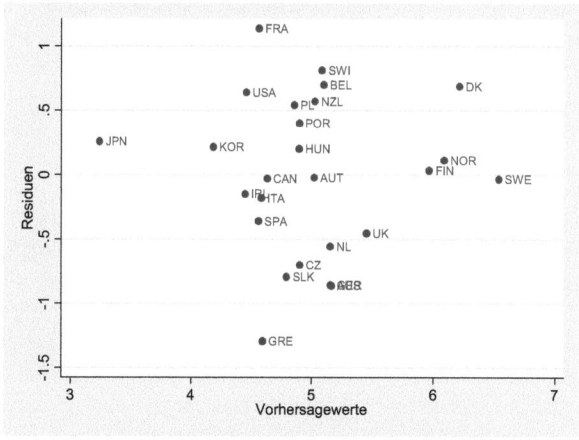

Quelle: Eigene Darstellung auf der Basis von Modell 38 (siehe Anhang 3)

---

[59] Die beiden überlappenden Punkte halbrechts unten gehören zu Deutschland und Australien.

Was Griechenland anbelangt, so muss zunächst präzisiert werden, dass die Bildungsausgaben für den Hochschulbereich vergleichsweise hoch sind (siehe hierzu des Weiteren Kapitel 4) und seine relative Besserstellung gegenüber dem sonstigen Bildungswesen politisch seit Längerem angestrebt wurde (vgl. OECD 1997: 88). Die unterproportionalen Ausgaben stammen also vor allem aus dem schulischen Bereich. Ein Mosaikstein einer Erklärung für dessen sparsame Ausstattung sind die geringen Lehrergehälter – nur in den USA und Norwegen verdienen Lehrer der oberen Sekundarstufe in Relation zum BIP pro Kopf nach 15 Berufsjahren weniger (vgl. OECD 2007: 438). Ein weiterer mag sein, dass die privaten Ausgaben für außerhalb von Bildungsinstitutionen erbrachte (und deshalb in den in der Einleitung dargestellten und in Kapitel 3 analysierten Daten nicht enthaltenen; siehe hierzu Anhang 1) Bildungsgüter und Dienstleistungen in kaum einem OECD-Land auch nur annähernd so hoch sind wie in Griechenland mit 0,85% des BIP (ibid.: 260). Private Nachhilfe ist dort besonders populär und gerade in Fremdsprachen und anderen für den Hochschulzugang besonders bedeutenden, an den öffentlichen Schulen aber (zumindest weiten Teilen der öffentlichen Meinung zufolge) nur unzureichend unterrichteten Fächern weit verbreitet, und nach Angaben der Europäischen Kommission geben private Haushalte in Griechenland einen vier Mal größeren Anteil ihres Einkommens dafür aus als im EU-Durchschnitt (Antwort der Europäischen Kommission auf eine Anfrage des EP-Abgeordneten Stavros Xarchakos vom 5. Dezember 2003, Aktenzeichen 2004/C 78 E/0648). Warum dem aber so ist, welche tieferen Ursachen hinter diesen Phänomenen stehen, darauf kann hier leider keine vollends befriedigende Antwort gegeben werden. Weitere Forschung zur Genese und Entwicklung der Arbeitsteilung zwischen öffentlichen und privaten Bildungsinvestitionen in Griechenland erscheint jedenfalls lohnenswert zu sein.

2.10 Zusammenfassung

Zu der eingangs dargestellten, beträchtlichen Variation der öffentlichen Bildungsausgabenquote im Vergleich der wirtschaftlich entwickelten Demokratien tragen zuvorderst fünf Faktoren bei: Wo linke und liberale Parteien an der Macht sind, investiert der Staat mehr in die Bildung als unter christdemokratischen und vor allem säkular-konservativen Regierungen. Gut organisierte, durchsetzungsstarke (und in korporatistische Arrangements eingebundene) Gewerkschaften tragen ebenso zu höheren öffentlichen Bildungsausgaben bei wie die religiös-kulturelle Prägung durch den Protestantismus. Die demographische Konstellation spielt nicht nur wegen des sich positiv auswirkenden Nachfragedrucks der jüngeren Kohorten, sondern auch durch den gegenteiligen Effekt einer ungünstigen Relation inaktiver Älterer zur Erwerbsbevölkerung eine wichtige Rolle. Und schließlich wirken sich die Staatsfinanzen insofern auf die öffentliche Bildungsfinanzierung aus, als diese von einer allgemein hohen Staatsquote profitiert, von Staatsverschuldung aber negativ betroffen ist.

Deutschlands Position liegt unterhalb aller in diesem Kapitel dargestellter Trendlinien. Das bedeutet, dass die deutschen Bildungsausgaben geringer ausfallen, als dies auf der Basis seiner Werte in den erklärenden Größen zu erwarten wäre. (Dazu passt auch, dass Deutschland in Abbildung 24 das zweitgrößte negative Residuum aufweist, also die zweitgrößte Abweichung nach unten vom auf der Basis des zu Grunde liegenden Modells prognostizierten Wert.) Mit anderen Worten: Die deutschen öffentlichen Bildungsausgaben sind nicht nur vergleichsweise niedrig, sie sind auch weitaus kleiner als es die Konstellation von Regierungsparteien, Interessengruppen, kulturell-religiöser Prägung, Demographie, Staatsfinanzen usw. vorgeben würden, sofern man die im internationalen Vergleich gültigen Wirkungszusammenhänge unterstellt. Woran liegt das? Neben einem besonders ungünstigen politischen Erbe gibt es dafür zwei weitere Hauptgründe: Erstens ist die Aufgaben- und Ressourcenverteilung (inklusive der niedrigen Steuer-, aber hohen Sozialversicherungsbeitragsquote) im deutschen Föderalismus für das Bildungswesen besonders nachteilig. Und zweitens setzen Sozialdemokratie und Gewerkschaften in Deutschland ihren Einfluss nicht in demselben Maße wie in anderen Ländern für eine großzügige öffentliche Finanzierung der Bildung ein. Der Parteien- und Interessenwettbewerb im deutschen Bundesstaat bevorzugt andere Politikfelder, insbesondere die (übrige) Sozialpolitik. Vornehm zurückhalten kann sich die Politik außerdem deshalb, weil private Akteure in der beruflichen Bildung stark engagiert sind. Dazu mehr im folgenden Kapitel.

3 Wie die private Bildungsfinanzierung tickt (*oder*: Warum die privaten Bildungsausgaben in Deutschland recht hoch sind)[60]

Bildung ist in den Augen zahlreicher Beobachter in den letzten Jahrzehnten nicht nur eine immer bestimmendere Grundlage des Wirtschaftswachstums geworden, sondern auch immer bedeutender für die Verteilung von Lebenschancen auf der individuellen Ebene, und damit auch für die Formation gesellschaftlicher Klassen oder Schichten (vgl. z.b. Ainley 2004: 502, Dewatripont 2001: 131 u. Dahrendorf 1988: 153). Ihr Humankapital ist nunmehr für eine Mehrheit der Menschen der wichtigste Besitz (vgl. Iversen 2005: 11). Bildung erhöht tendenziell die Produktivität von Arbeitnehmern und damit ihre Beschäftigungschancen und ihre Verdienstmöglichkeiten. Somit bestehen ganz offenbar erhebliche Anreize für private Bildungsinvestitionen, sowohl durch private Haushalte als auch durch private Firmen. Das wirft zum einen die Frage nach der gerechten Arbeitsteilung zwischen Staat und privaten Akteuren in der Bildungsfinanzierung auf, die zwar nicht im Zentrum dieses Buches steht, aber in Kapitel 4 im Rahmen der Befassung mit dem Hochschulsektor andiskutiert wird, weil die einschlägigen Debatten am hitzigsten verlaufen. Zum anderen aber führt es zu der Frage, warum die privaten Bildungsausgaben, wie in der Einleitung gesehen, so stark variieren. (Die Relation des höchsten zum niedrigsten Wert ist zehnmal größer als bei den öffentlichen Bildungsausgaben.)

Die Logik der privaten Bildungsfinanzierung ist eine andere als diejenige der öffentlichen. Hinter ihr stehen andere Wirkungszusammenhänge, was auch der Grund dafür ist, dass sich die gesamten Bildungsausgaben, also die Summe aus öffentlichen und privaten Mitteln, kaum sinnvoll auf ihre Bestimmungsfaktoren hin untersuchen lassen, ohne zwischen diesen beiden Blöcken zu differenzieren. Das bedeutet zwar nicht, dass nicht einige Bestimmungsfaktoren auf beiden Seiten eine Rolle spielen, aber oft hat ihr jeweiliger Einfluss unterschiedliche Vorzeichen. Wie schon Kapitel 2 ist auch Kapitel 3 vornehmlich nach Gruppen von Bestimmungsfaktoren untergliedert, hier allerdings aufgrund abweichender relativer Bedeutung in einer anderen Reihenfolge und Aufteilung. Um die Dar-

---

[60] Dieses Kapitel greift frühere Analysen der privaten Bildungsausgaben des Jahres 2002 auf, die ich gemeinsam mit Reimut Zohlnhöfer durchgeführt hatte (Wolf/Zohlnhöfer 2007), und wiederholt sie für das Jahr 2004.

stellung nicht zu überfrachten, werden in diesem Kapitel außerdem nur ausgewählte Zusammenhänge mit Hilfe eines Streudiagramms veranschaulicht.[61]

Zunächst gilt es jedoch, das Verhältnis zwischen öffentlichen und privaten Ausgaben oder, wenn man so will, den Einfluss Ersterer auf Letztere, zu beleuchten.

3.1 Gibt es einen Substitutionseffekt zwischen öffentlichen und privaten Bildungsausgaben?

Verschiedene Autoren haben argumentiert, dass ein Substitutionsverhältnis zwischen öffentlichen und privaten Bildungsausgaben besteht. Dahinter steht die folgende Überlegung: Da die grundsätzliche Bedeutung und der Nutzen der Bildung den meisten Menschen (nicht nur in den OECD-Staaten) klar sei, würden private Akteure dann einspringen, wenn der Staat nicht das als gesellschaftlich notwendig erachtete Maß an Bildungsinvestitionen bereit stelle. (Umgekehrt könnte natürlich auch vermutet werden, dass anderswo der Staat unzureichendes privates Engagement in der Bildungsfinanzierung kompensiert, bzw. dass bei hohen staatlichen Bildungsausgaben private schlicht weniger notwendig sind.) Und in der Tat deuten frühere Untersuchungen des Zusammenhangs zwischen diesen beiden Variablen auf einen solchen Substitutionseffekt hin (vgl. Busemeyer 2006a: 305, Hega/Hokenmaier 2002: 156f. u. Schmidt 2004a: 24). Auch für die hier untersuchten Daten lässt er sich zeigen (siehe Abbildung 25), und Deutschland liegt erstmals auf der Trendlinie.[62]

---

[61] Auch die Anzahl der im Anhang abgedruckten Regressionsmodelle ist etwas geringer. Getestet wurde aber in ähnlicher Breite und Tiefe.
[62] Der Korrelationskoeffizient beträgt r = -0,32.

Abbildung 25: Streudiagramm private und öffentliche Bildungsausgabenquote

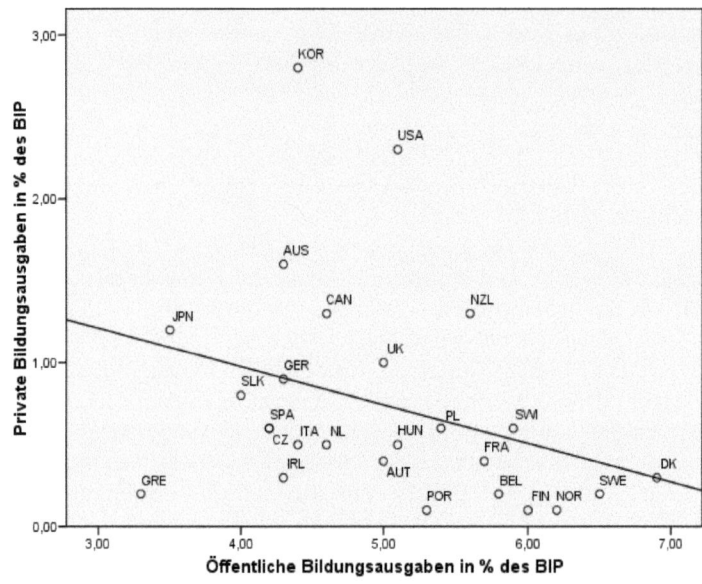

Quelle: Eigene Darstellung auf der Basis von Daten der OECD (für Details siehe Anhang 1)

Kontrolliert man auch für den Einfluss weiterer Größen, stellt sich allerdings alsbald heraus, dass der Substitutionseffekt selbst das Produkt anderer Faktoren ist. Sobald das Niveau der gesamten übrigen Staatsausgaben und die wirtschaftliche Leistungskraft mit berücksichtigt werden, verbleibt kein zusätzlicher negativer Effekt der öffentlichen auf die privaten Bildungsausgaben mehr (siehe die Modelle 42 bis 44 samt Erläuterungen in Anhang 3).

3.2 Sozioökonomie und Demographie

Sozioökonomische und -demographische Parameter könnten nicht nur für das öffentliche, sondern auch für das private Ausgabenverhalten relevant sein. Betrachten wir zunächst wiederum die am BIP pro Kopf bemessene wirtschaftliche Leistungskraft: Die spannende Frage ist hier, ob in wohlhabenderen Ländern ein überproportionaler Anteil der größeren Ressourcen in private Bildungsinvestitionen fließt, oder ob andere (öffentliche oder private) Zwecke Vorfahrt erhalten. Und die Antwort lautet, dass Letzteres zutrifft, wenn auch der negative Effekt des Niveaus der wirtschaftlichen Leistungskraft auf die Höhe der privaten Bil-

3 Wie die private Bildungsfinanzierung tickt

dungsausgabenquote zwar eindeutig, aber gering ist (siehe die Modelle 41-43 u. 45-51 in Anhang 3 samt Erläuterungen).[63] Betrachtet man jedoch, wie bereits in Abschnitt 2.2 für die öffentlichen Bildungsausgaben vorgenommen, die privaten Bildungsausgaben pro Kopf der Bevölkerung, so ergibt sich ein schwacher positiver Einfluss. Absolut betrachtet führt ein höheres BIP also zu höheren privaten Bildungsausgaben, setzt man die Bildungsausgaben in Relation zu eben jenem BIP, ist dies aber nicht so.

Demographische Effekte auf die private Bildungsausgabenquote sind überraschenderweise, ganz im Gegensatz zum Befund hinsichtlich der öffentlichen Finanzierungsseite, nicht festzustellen, weder für die Größe der jungen Altersgruppe (siehe Modell 43 in Anhang 3) noch für die der älteren Generation noch für die Relation zwischen inaktiven Älteren und Erwerbstätigen. Es scheint also, dass die privaten Bildungsinvestitionen wirtschaftlich entwickelter demokratischer Gesellschaften unabhängig von ihrer demographischen Zusammensetzung sind und anderen Erfordernissen und Motiven folgen.

3.3 Parteien und Interessenverbände

Eine Anwendung der Parteiendifferenztheorie auf privates Ausgabenverhalten unterstellt notwendigerweise eine längere Kausalkette als die von der Regierungszusammensetzung zu den öffentlichen Ausgaben führende. Regierungsparteien können private Ausgaben nicht direkt steuern, sondern lediglich indirekt zu beeinflussen suchen. Dies kann auf vier verschiedene Arten geschehen: Erstens können sie das Bildungssystem gestalten, so dass es mehr oder weniger private Finanzierung einlädt bzw. erfordert. Zweitens können sie die den privaten Haushalten und Firmen zur Verfügung stehenden Mittel durch Besteuerung und Subventionierung verringern oder erhöhen, und drittens kann das Ausmaß des öffentlichen Engagements auf anderen Politikfeldern die Konkurrenzsituation zwischen verschiedenen Zwecken um private Mittel verändern. Viertens mögen sie langfristig auch die gesellschaftlichen Präferenzen zur Arbeitsteilung zwischen Staat und privaten Akteuren beeinflussen.

Die theoretischen Erwartungen sind bezüglich linker und konservativer Parteien eindeutig – Erstere sollten private Bildungsausgaben durch ihre staatszent-

---

[63] Etwas anders sieht es allerdings wieder in der (bereits in Abschnitt 2.3 vorgestellten) kleineren Gruppe der 21 alten OECD-Demokratien aus. Hier ist der Effekt in fast so vielen Modellvarianten negativ wie positiv (ein Beispiel für den letzteren Fall ist Modell 52 in Anhang 3), aber jeweils extrem gering, was den Schluss nahelegt, dass die (ohnehin geringeren) Unterschiede im wirtschaftlichen Entwicklungsstand zwischen den alten OECD-Demokratien keinen systematischen Einfluss auf die privaten Bildungsausgaben in diesen Ländern haben.

riertere Bildungs(ausgaben)politik eher hemmen (vgl. dazu auch Busemeyer 2007b: 602f., Castles 2007: 12ff. u. Schmidt 1996), Letztere aufgrund ihrer fortwährenden Präferenz für Privatschulen (vgl. Castles 1998: 184) und ihres Engagements für die private Finanzierung wohlfahrtlicher Aufgaben (vgl. hierzu Castles/Obinger 2007: 213ff.) sie eher fördern. Weniger klar sind die theoretischen Erwartungen dagegen, was die so markt- wie bildungsfreundlichen liberalen und die sozialpolitisch vergleichsweise engagierten christdemokratischen Mitte-Parteien anbelangt (siehe hierzu auch Abschnitt 2.6). Im Ergebnis zeigt sich zunächst ganz generell, dass die Parteieneffekte auf die private Bildungsfinanzierung deutlich schwächer sind als auf die öffentliche (siehe die Modelle 41 – 52 in Anhang 3 samt Erläuterungen). Außerdem fallen sie am größten nicht bei der Betrachtung langfristiger parteipolitischer Prägungen (wie den in Kapitel 2 verwendeten durchschnittlichen Kabinettssitzanteilen seit 1990) aus, sondern in Reaktion auf die jeweils gegenwärtigen Regierungsbeteiligungen. Das heißt die Kausalkette ist zwar länger und der Effekt schwächer, die Wirkung setzt aber unmittelbarer ein. Die relative Bedeutung der einzelnen Parteienfamilien weicht ebenfalls von der bei der Analyse der öffentlichen Ausgaben festgestellten ab: Für die privaten Bildungsausgaben sind die christdemokratischen Mitte-Parteien, mit einem negativen Effekt[64], am wichtigsten, gefolgt von den liberalen mit einem ebenfalls negativen. Der Unterschied zwischen linken und säkular-konservativen Parteien ist auf der privaten Ausgabenseite dagegen kaum von Belang. Daran ist nicht nur bemerkenswert, dass die theoretisch vermeintlich klareren Effekte schwächer ausfallen, sondern auch, dass bei den linken und den christdemokratischen Mitte-Parteien das Vorzeichen des Effekts auf die privaten Bildungsausgaben dasselbe ist wie das ihres Effekts auf die öffentlichen. Der Linken gelingt es also, sowohl die öffentlichen als auch die private Bildungsausgaben zu erhöhen, wenn auch Letztere nur sehr schwach, während die Christdemokratie der Finanzausstattung des Bildungswesens über beide Zuflusskanäle abträglich ist.

Der direkte gewerkschaftliche Einfluss auf die private Bildungsfinanzierung ist sehr gering (und negativ), derjenige der institutionalisierten korporatistischen Integration (siehe das Modell 52 in Anhang 3 samt Erläuterungen) dagegen von ähnlich großem Umfang wie auf die öffentlichen Bildungsausgaben, nur ebenfalls negativ und nicht ganz so robust. Das ist ein weiteres Indiz dafür, dass in tripartistischen Arrangements zwischen Staat, Arbeitgebern und Gewerkschaften der staatliche Beitrag gerade auch in der Übernahme von Auf- und Ausgaben für die (insbesondere berufliche) Bildung und damit einer Entlastung der privaten Wirtschaft besteht.

---

[64] Die Analysen der Bildungsausgaben des Jahres 2002 in Wolf/Zohlnhöfer 2007 zeigten im Übrigen einen noch stärkeren und signifikanteren negativen Effekt der Christdemokratie auf die privaten Bildungsausgaben.

3.4 Religiös-kulturelle Faktoren

Wie die Regierungsbeteiligung christdemokratischer Parteien, so wirkt sich auch der Katholikenanteil an der Bevölkerung negativ auf die Höhe sowohl der öffentlichen als auch der privaten Bildungsausgaben aus. Der Bremseffekt auf die privaten Ausgaben (siehe Abbildung 26 sowie die Modelle 41 - 52 samt Erläuterungen in Anhang 3) ist in diesem Fall jedoch deutlich größer als derjenige auf die öffentlichen. Der Effekt des Protestantismus ist spiegelbildlich, also positiv, aber nicht ganz so stark. Er wird zudem stärker von zwei Ländergruppen, nämlich den skandinavischen Staaten einerseits und den USA und Korea andererseits, getrieben, weshalb der Unterschied zwischen den Konfessionen in diesem Kapitel vornehmlich von der katholischen Seite her aufgerollt wird. Wie für die Situation bei den privaten Bildungsausgaben typisch, aber ganz im Gegensatz zu den Befunden bei der vorhergehenden Untersuchung der öffentlichen, liegt Deutschland sehr nahe an der Trendlinie.

Abbildung 26: Streudiagramm private Bildungsausgabenquote und Katholikenanteil[65]

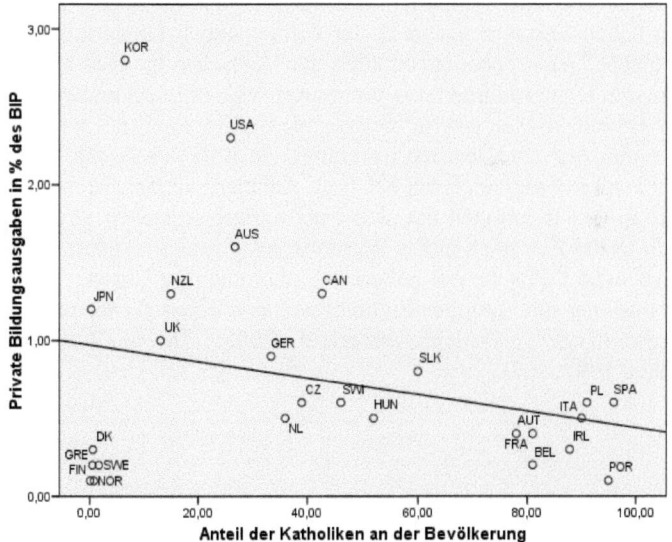

Quelle: Eigene Darstellung auf der Basis von Daten der OECD, des Fischer Weltalmanach und weiterer Quellen (für Details siehe Anhang 1)

---

[65] Der bivariate Korrelationskoeffizient r beträgt -0,28.

Soziokulturell-religiöse Faktoren scheinen für das private Ausgabenverhalten also wichtiger zu sein als parteipolitische. Ein weiterer, der für die öffentlichen Bildungsausgaben ohne Belang war, für die privaten aber maßgeblich ist, betrifft den finanziellen Aspekt der Staat-Kirche-Beziehungen. Wo der Staat Kirchensteuern oder ähnliche Abgaben eintreibt, verbleibt weniger Spielraum für private Bildungsinvestitionen, die somit zumindest teilweise verdrängt werden dürften. Natürlich kann argumentiert werden, dass die Kirchen aus diesen Mitteln oft auch private konfessionelle Schulen bezuschussen und so ein Teil der Kirchensteuern de facto selbst in die privaten Bildungsausgaben eingeht. Andererseits werden diese Schulen in den allermeisten Ländern staatlicherseits nahezu voll finanziert und die Kirchen sind im Bereich der karitativen sozialen Dienste finanziell weitaus stärker engagiert. Und tatsächlich sind die privaten Bildungsausgaben in Ländern mit Kirchensteuer im Durchschnitt fast dreimal so hoch wie in Ländern ohne, wie Tabelle 1 zeigt. (Auch in den Regressionsmodellen 41-52 in Anhang 3 kristallisiert sich ein eindeutiger und starker negativer Effekt heraus.)

In Deutschland, dem Kirchensteuerstaat mit den höchsten privaten Bildungsausgaben, wird zudem der größte Teil der privaten Bildungsausgaben nicht von Kirchensteuerzahlern, sondern von der privaten Wirtschaft finanziert, was den eigentlichen Zusammenhang in der verbleibenden Ländergruppe noch eindeutiger macht.[66] Das Spendenverhalten der Deutschen hat sich hinsichtlich der Zwecke in den letzten Jahren zwar verbreitet (vgl. Priller/Sommerfeld 2005: 8). Doch das Bildungswesen spielte hierzulande als Adressat von nur rund 2% der Spenden lange Zeit eine deutlich nachrangigere Rolle als in den USA mit über 20%, aber auch in Frankreich mit 8% (vgl. Anheier/Salamon/Archambault 1997: 202), und an den Relationen hat sich trotz einiger Aufsehen erregender Großspenden in letzter Zeit noch nichts Wesentliches geändert. Anders als in anderen Ländern spenden Deutsche mit höherem Einkommen im Übrigen zwar mehr als Bezieher mittlerer und geringer Einkommen, aber einen geringeren Anteil ihres Einkommens (vgl.   Priller/Sommerfeld 2005: 38 u. Anheier/Salamon/ Archambault 1997: 207).

---

[66] Branahl/Fuest 1995 stellen das deutsche Kirchensteuersystem detailliert vor und vergleichen es mit den Kirchenfinanzierungssystemen anderer Länder; sie diagnostizieren im Übrigen auch einen engen Zusammenhang zwischen Kirchenaustritten und Erhöhungsschritten der Abgabenlast, so etwa der Einführung des Solidaritätszuschlags (ibid.: 4ff.). Zu Rechtsfragen der Kirchensteuer, ihrer Geschichte und diversen Modellen im Vergleich siehe auch Hammer 2002.

Tabelle 1:   Private Bildungsausgaben in Ländern mit und ohne Kirchensteuer[67]

Staaten mit Kirchensteuer		Staaten ohne Kirchensteuer	
		Südkorea	2,8
		USA	2,3
		Australien	1,6
		Kanada	1,3
		Neuseeland	1,3
		Japan	1,2
		Großbritannien	1
Deutschland	0,9		
		Slowakei	0,8
Schweiz	0,6	Polen	0,6
Spanien	0,6		
Italien	0,5	Niederlande	0,5
		Ungarn	0,5
		Österreich	0,4
		Frankreich	0,4
Dänemark	0,3	Irland	0,3
Belgien	0,2		
Griechenland	0,2		
Schweden	0,2		
Finnland	0,1	Portugal	0,1
Norwegen	0,1		
Ø	0,37	Ø	0,98

---

[67] Der bivariate Korrelationskoeffizient zwischen privater Bildungsausgabenquote und der Kirchensteuer-Dummyvariable beträgt r = -0,45.

3.5 Institutionenordnung und öffentliche Finanzen

Die gesellschaftlichen Präferenzen darüber, welche Aufgaben in welchem Umfang vom Staat wahrgenommen werden sollen, unterscheiden sich deutlich. Wo aufgrund höherer gesellschaftlicher Erwartungen staatszentrierte Problemlösungsroutinen vorherrschen, dürften die Bürger weniger bereit (und angesichts der dazu nötigen Steuer- und Abgabenlast auch weniger in der Lage) sein, ihr eigenes Geld in die Bildung zu investieren (vgl. Schmidt 2004a: 26f.). Und tatsächlich besteht im Vergleich der demokratischen Industrieländer ein starker negativer Zusammenhang zwischen der Staatsquote, also dem Anteil der Staatsausgaben am BIP, und der Höhe der privaten Bildungsausgaben (siehe Abbildung 27 sowie die Modelle 41 - 43 u. 45 - 52 samt Erläuterungen in Anhang 3). Die privaten Bildungsausgaben in Deutschland sind sogar spürbar höher, als dies angesichts der Staatsquote zu erwarten wäre.

Abbildung 27:   Streudiagramm private Bildungsausgabenquote und
Staatsquote[68]

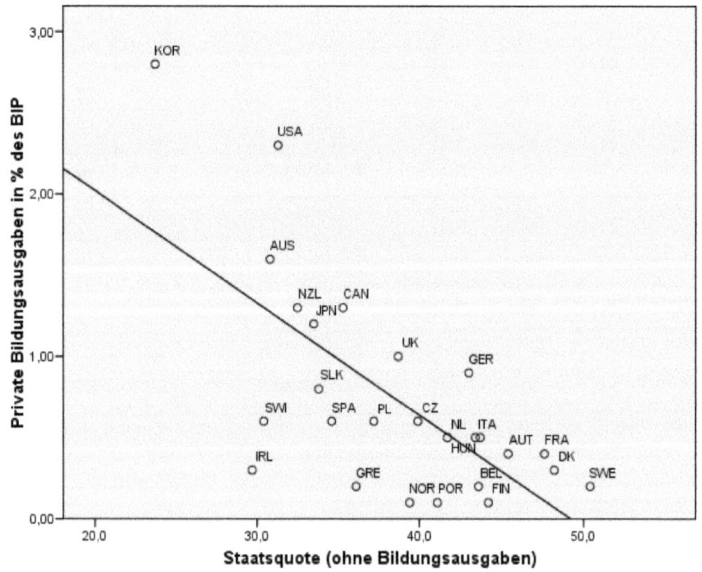

Quelle: Eigene Darstellung auf der Basis von Daten der OECD (für Details siehe Anhang 1)

---

[68] Der bivariate Korrelationskoeffizient beträgt r = -0,68.

Paul Pierson hat die These aufgestellt, dass die öffentliche Hand der meisten Industriestaaten mindestens seit den 1980er Jahren unter Bedingungen der ‚permanenten Austerität' (Pierson 2001: 410) zu wirtschaften hat. Der Druck internationaler Finanzmärkte drängt sie ebenso wie wachsende Einschränkungen ihrer Handlungsfähigkeit durch Zinslasten zur Haushaltskonsolidierung (vgl. Mosley 2000 u. Wagschal/Wenzelburger 2008), während sozialstaatliche Ausgabenprogramme unter anderem aufgrund demographischer Veränderungen wachsende Bedarfe befriedigen müssen. Zahlreiche Regierungen haben darauf mit verschiedenen Formen der Privatisierung reagiert, die sowohl den Verkauf von Staatsbesitz als auch die private Finanzierung und Bereitstellung zuvor staatlicher Dienstleistungen beinhalteten (vgl. Zohlnhöfer/Obinger/Wolf 2008: 97-100). In diesem Kontext sind auch die wachsenden privaten Finanzierungsanteile der hochschulischen Bildung zu nennen (siehe Kapitel 4). Die Vermutung, dass eine höhere Staatsverschuldung per se zu geringeren privaten Bildungsausgaben führt, bestätigte sich (in zusätzlichen, in Anhang 3 nicht abgedruckten Modellen) jedoch nicht.

Von großer Bedeutung ist dagegen der Unterschied zwischen föderaler und unitarischer Staatstruktur. Föderale Staaten weisen, wie in Abschnitt 2.7 ausgeführt, geringere Staatsausgaben auf, wenn auch nicht für Bildungszwecke. Interessanterweise fallen die privaten Bildungsausgaben in föderalen Staaten dennoch höher aus: Die durchschnittliche private Bildungsausgabenquote föderaler Staaten lag 2004 bei 1,04% des BIP, diejenige von nicht-föderalen Staaten dagegen bei nur 0,58%. Dies kann jedoch nicht alleine am Effekt des Föderalismus auf die Staatsquote liegen, denn auch neben dem Einfluss der Staatsquote auf die privaten Bildungsausgaben bleibt ein starker positiver Föderalismuseffekt bestehen (siehe die Modelle 41 - 52 in Anhang 3 samt Erläuterungen). Dasselbe gilt für die regionale Steuerautonomie und die Dezentralisierung politischer Kompetenzen (siehe Abbildung 28 sowie die Modelle 50 u. 51 in Anhang 3 samt Erläuterungen; Deutschland wiederum nahezu voll im Trend). Zusammengenommen können diese Ergebnisse wie folgt interpretiert werden: Je kleinräumiger und näher bei den Bürgern die Entscheidungsprozesse ablaufen, desto besser steht das Bildungswesen finanziell da, und zwar nicht durch höhere öffentliche, sondern dank überdurchschnittlicher privater Bildungsausgaben. Zu einem Teil wird dieser Effekt dadurch vermittelt, dass Föderalismus und Dezentralisierung die öffentlichen Ausgaben insgesamt bremsen (nicht aber diejenigen für Bildung), und damit Raum für stärkeres privates finanzielles Engagement lassen. Zum anderen aber nutzen die Bürger föderaler und dezentralisierter Staaten diesen Spielraum in einer Art und Weise, die dem Bildungswesen nützt: Sie lassen die höheren Mittel, die ihnen der Staat belässt, zu einem überdurchschnittlichen

Grad Schulen und Hochschulen zugute kommen, obwohl der Staat diese nicht schlechter ausstattet als in anderen Ländern.

Abbildung 28: Streudiagramm private Bildungsausgabenquote und Dezentralisierungsgrad[69]

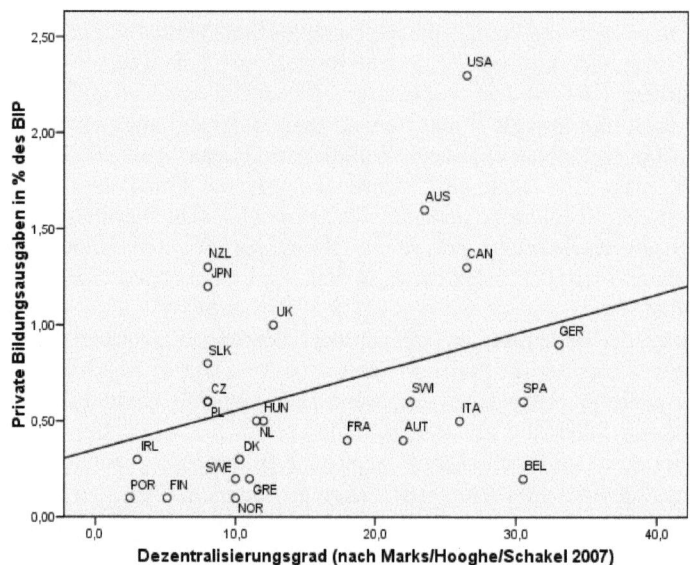

Quelle: Eigene Darstellung auf der Basis von Daten der OECD (für Details siehe Anhang 1)

Zukünftige Studien zum privaten Ausgabenverhalten und zum bürgerschaftlichem Engagement für das Bildungswesen sollten sich der Frage widmen, warum das so ist. Teil einer Antwort könnte sein, dass sich in den betreffenden Staaten ein gesellschaftliches Verantwortungsgefühl für das Bildungswesen erhalten hat, auch nachdem der Staat – tendenziell später – Bildungsinvestitionen von international vergleichbarem Ausmaß zu tätigen begonnen hat.[70]

Die föderalen Systeme der hier untersuchten Länder unterscheiden sich allerdings stark, und jüngere Forschungsarbeiten haben unterschiedliche Effekte auf das staatliche Ausgabenverhalten je nach Föderalismustyp nachgewiesen (vgl. Leibfried/Castles/Obinger 2005: 308), weshalb in Abschnitt 3.6 noch ein-

---

[69] Der bivariate Korrelationskoeffizient für den Dezentralisierungsgrad, welcher für Südkorea leider nicht vorliegt, beträgt r = 0,35; für den Föderalismus-Dummy liegt er bei r = 0,27.
[70] Für das Beispiel USA vgl. Busemeyer (2006a: 37ff. u. 303f.) .

mal ein differenzierterer Blick auf die unterschiedliche Beiträge verschiedener föderaler Staaten zum Föderalismuseffekt geworfen wird.

Wie Klein (2003: 5) ausführt, sind staatliche und private Aktivitäten meist nicht unabhängig voneinander. Privates Engagement beruht oft auf Elementen staatlicher Unterstützung, und die wichtigsten beiden Formen derselben sind steuerliche Anreize und direkte Subventionen. Beide sollten idealerweise in eine Untersuchung der privaten Bildungsausgaben mit einbezogen werden. Leider gibt es jedoch keine belastbaren Daten zur steuerlichen Förderung von Bildungsausgaben – hier besteht ebenfalls weiterer Forschungsbedarf.[71] Was die staatlichen Subventionen für private Bildungsausgaben anbelangt, so sind diese insofern wirkungslos, als sie keine zusätzlichen privaten Bildungsausgaben auslösen, diese aber auch nicht schmälern.

Schließlich kann es, auf je nach Land unterschiedlichem Ausgabenniveau, wie auf der öffentlichen auch auf der privaten Seite eine Konkurrenz zwischen Ausgaben für verschiedene Zwecke geben – auch private Unternehmen und Haushalte können schließlich jeden Dollar, Euro oder Yen nur einmal ausgeben. Von besonderem Interesse sind in diesem Zusammenhang Ausgaben für Gesundheit und Altersvorsorge. Der interessante Befund hierzu ist nun, dass die freiwilligen privaten Ausgaben für diese Zwecke in den hier untersuchten Ländern nicht systematisch mit den privaten Bildungsausgaben variieren, d.h. weder gehen höhere freiwillige private Sozialausgaben mit höheren noch mit geringeren privaten Bildungsausgaben einher. Zu einer der Bildungsfinanzierung abträglichen Konkurrenzsituation kommt es jedoch dann, wenn private Sozialausgaben verpflichtend sind – dann haben sie einen negativen Effekt auf die privaten Bildungsausgaben (siehe Modell 49 in Anhang 3[72]). Die Bürger investieren also dann und nur dann asymmetrisch in Bildung und Soziales, wenn sie vom Staat dazu gezwungen werden, für Letzteres mehr auszugeben, als sie dies sonst tun würden. Daraus ergibt sich ein politisch unbequemer Zielkonflikt, der gerade in Deutschland im Hinblick auf die häufig vorgeschlagene Einführung einer Pflicht zur Riester-Rente bedacht werden sollte (siehe hierzu auch Kapitel 6).

Überraschenderweise keinen messbaren Effekt auf die Höhe der privaten Bildungsausgaben im internationalen Vergleich hat im Übrigen das System der beruflichen Bildung. Für die relativ hohen privaten Bildungsausgaben in

---

[71] Auch die OECD, so umfangreich ihre Dokumentation der Bildungsausgaben mittlerweile ist, berechnet kein Äquivalent zu den Netto-Sozialausgaben (vgl. hierzu Adema/Ladaique 2005) für den Bildungsbereich. Sie geht allerdings (implizit) auch davon aus, dass der Unterschied zu den Brutto-Bildungsausgaben nicht besonders groß wäre: „Insofar as tax policy is shaped to steer behaviour such as investment choices, education and training and human capital investment have not been deliberate targets of policy" (OECD 2005b: 124).

[72] Frühere Analysen der privaten Bildungsausgaben des Jahres 2002 (vgl. Wolf/Zohlnhöfer 2007: 17f.) identifizierten einen nochmals deutlich stärkeren Effekt.

Deutschland ist das duale System von großer Bedeutung, aber in anderen Ländern führen grundsätzlich ähnlich strukturierte Systeme, und auch solche, die voll auf betriebliche Ausbildung setzen, nicht systematisch zu höheren privaten Bildungsinvestitionen.

3.6 Beachtenswerte Besonderheiten

Schließt man die einzelnen Staaten reihum aus der Analyse aus, ergeben sich einige beachtenswerte Nuancierungen der Ergebnisse zum (positiven) Föderalismus-Effekt auf die privaten Bildungsausgaben. Ohne Deutschland verliert er über 10% seiner Substanz. Dies spricht dafür, dass die deutsche Variante des Föderalismus, welche den Ländern einerseits die Kompetenz für das Bildungswesen, andererseits aber keine Autonomie über die Einnahmeseite ihrer Haushalte gibt, private Bildungsausgaben in besonderer Weise fördert bzw. erforderlich macht. Der Ausschluss Australiens dagegen erhöht den Erklärungsbeitrag der Föderalismus-Variable spürbar. Auch der Effekt der Kirchensteuer-Variable weist eine gewisse Volatilität je auf: Beim (je einzelnen) Ausschluss von zwei Staaten, nämlich Irland und Italien, wird er deutlich größer, beim Verzicht auf zwei andere, Griechenland und die Schweiz, dagegen spürbar geringer.

Abbildung 29: Residuen und Vorhersagewerte zu einem typischen Modell (private Bildungsausgaben)

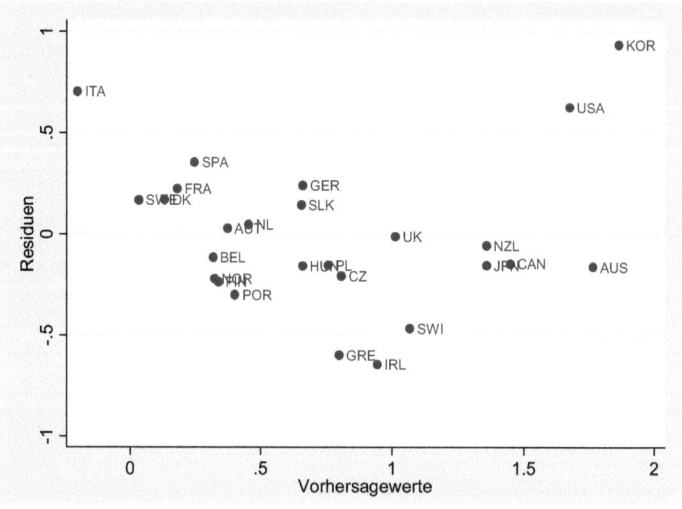

Quelle: Eigene Darstellung auf der Basis von Modell 41 (siehe Anhang 3)

Ein Blick auf die Residuenstreuung eines typischen Modells (Abbildung 29) zu den privaten Bildungsausgaben identifiziert Südkorea als größten Ausreißer. Nimmt man dieses Land aus der Gruppe der untersuchten Länder heraus, bleibt der Erklärungserfolg des entsprechenden Modells dennoch nahezu unverändert. Das liegt schlicht und einfach daran, dass das Modell denjenigen landesspezifischen Sonderfaktor nicht abbildet, der hauptverantwortlich für die hohen privaten Bildungsausgaben in Südkorea ist: Die konfuzianische Bildungstradition fordert von den Lernenden (und ihren Familien) nicht nur große immaterielle, sondern auch ganz erhebliche materielle Anstrengungen (vgl. Schmidt 2004a: 24 u. Seth 2002). Nach einer Umfrage aus dem Jahr 2000 halten die Bürger Südkoreas Bildung für den wichtigsten über die Zukunft ihres Landes entscheidenden Faktor und wären gerne bereit, dafür auch höhere Steuern zu bezahlen (ibid.: 256). Dennoch dominiert bislang der private Bildungsmarkt, dessen Effizienz im Hinblick auf die oft sehr teuren privaten Vorbereitungskurse auf staatliche Prüfungen allerdings in Frage gestellt werden kann (ibid.: 254). Auch Italien und die USA haben deutlich höhere tatsächliche private Bildungsausgaben, als es auf der Basis des Modells prognostiziert würde. Im Falle der USA kommt als Grund dafür vor allem die Preisentwicklung bei den Studiengebühren in Frage (siehe hierzu Kapitel 4), und auch in Italien fließen die privaten Mittel vor allem im Hochschulbereich stärker als vom Modell (hier zugegebenermaßen ziemlich schlecht, denn der Prognosewert ist negativ) vorhergesagt. Allerdings ist besagtes Modell zwar insgesamt recht typisch, wird aber dem nicht-föderalen, doch vergleichsweise stark dezentralisierten Italien nicht ganz gerecht: Aus denjenigen Modellen, die den Dezentralisierungsgrad berücksichtigen, erwächst für Italien nämlich keine Außenseiterposition.

Die größten Abweichungen nach unten vom Erwartungswert sind für Griechenland, Irland und die Schweiz zu verzeichnen. Im Falle Griechenlands liegt das vor allem daran, dass die dort recht hohen privaten Ausgaben für Nachhilfe und ähnliche Bildungsdienstleistungen, wie bereits in Abschnitt 2.9 erläutert, von der OECD-Statistik nicht erfasst werden. Hier ist also weniger die Prognose des Modells problematisch als die Messung der tatsächlichen Ausgaben. Die Schweiz und Irland haben gemeinsam, dass in diesen Ländern der Zusammenhang zwischen Staatsquote und privaten Bildungsausgaben nicht so greift wie in den übrigen Ländern (siehe auch Abbildung 28).[73] Trotz der niedrigen Staatsquote von jeweils etwa 30% – in Irland zeichnet dafür vor allem das rasante Wirtschaftswachstum der vergangenen Dekade[74] verantwortlich, in der Schweiz die

---

[73] Schließt man beide Länder aus dem Modell aus, fällt der negative Effekt der Staatsquote auf die privaten Bildungsausgaben im verbleibenden Sample um mehr als 30% stärker aus.
[74] Das reale BIP Irlands wuchs zwischen 1995 und 2005 im Jahresdurchschnitt um 7,4%. Im Hinblick auf die wirtschaftliche Leistungskraft Irlands und die Verteilung seines Wirtschaftsprodukts ist auch

direkte Demokratie (vgl. Vatter 2007: 91 u. Freitag/Vatter/Müller 2003) – wenden private Akteure in beiden Ländern vergleichsweise wenige Ressourcen für Bildungszwecke auf. In der Schweiz fließt ein besonders hoher (und die Prognosen meiner Modelle weit übertreffender, siehe Abbildung 24) Anteil der niedrigen öffentlichen Ausgaben in das Bildungswesen: der Anteil der Bildungsausgaben an der Staatsquote ist mit 16,3% der höchste aller untersuchten Länder (bei einem Durchschnitt von 11,5%). In Irland hingegen werden Schulen und Hochschulen von Staat und Privaten gleichermaßen knapp gehalten, woraus die zweitgeringste Bildungsausgabenquote resultiert (siehe Abbildung 1).

Für Neuseeland ist der Prognoseerfolg des der Abbildung 29 zu Grunde liegenden Modells (und auch aller übrigen Modelle) überraschend gut, ist Neuseeland doch, v.a. dank seiner Sprachangebote für den asiatischen Markt, einer der wichtigsten Exporteure von Bildungsdienstleistungen, die rund 13% der neuseeländischen Exporterlöse ausmachen (vgl. Martens/Starke 2006: 9).

Der Wachstumsschub, den das Privatschulwesen in Deutschland in den jüngsten Jahren erlebt – Goddar (2007: 13) zufolge werden jährlich 100 neue Privatschulen gegründet[75] – wirkt sich angesichts der weitgehenden öffentlichen Finanzierung der Privatschulen hierzulande nur geringfügig auf die Höhe der privaten Bildungsausgaben aus. Damit ist natürlich nicht gesagt, dass das Schulgeld für einzelne Haushalte eine bedeutende finanzielle Last sein kann. Neu ist jedoch, dass mittlerweile auch auf Gewinn ausgerichtete Unternehmen Privatschulen betreiben (SZ vom 24.02.2007), was für die Erwartung im Markt spricht, dass die Bereitschaft zu beträchtlichen privaten Bildungsausgaben in Deutschland nicht auf Dauer auf Firmen und vergleichsweise wenige Haushalte beschränkt bleiben wird.[76] Da sich bislang in Deutschland (laut einer Dialego-Studie im Auftrag des Handelsblatts, vgl. Schlautmann 2005) 13% aller Verbraucher beim Kauf eines Autos verschulden, für Bildungsinvestitionen aber auch nach Einführung von Studiengebühren kaum Verschuldungsbereitschaft besteht (vgl. hierzu Wolf/Mahner 2008: 7-9), ist hier prinzipiell noch eine Menge

---

der Unterschied zwischen dem Bruttoinlandsprodukt (BIP) und dem Bruttosozialprodukt (BSP) zu beachten: Letzteres fällt um rund 20% geringer aus als Ersteres, was bedeutet, dass rund ein Fünftel des irischen BIP von Ausländern bzw. ausländischen Firmen erzielt wird (vgl. Dauderstädt 2001). Für den irischen Fall wäre daher die Maßzahl Bildungsausgaben als Anteil am BSP wohl die geeignetere Messgröße.

[75] Zur Relation: Die Zahl der bestehenden allgemeinbildenden Schulen liegt etwas über 40.000.

[76] Der Soziologe Helmut Schelsky beklagte im Übrigen laut Friedeburg, dass man (nicht nur in Deutschland) statt der ‚klugen Armen‘ die ‚dummen Reichen‘ auf die (i.d.R. privaten) Internate schicke (Friedeburg 1989: 58). Die Berechnung des soziokulturellen Existenzminimums in Deutschland, das sei in diesem Zusammenhang am Rande erwähnt, sieht für private Bildungsausgaben 0 Euro vor (SZ vom 24.11.2006).

Luft nach oben – egal, wie man normativ zur Abwägung zwischen individueller Motorisierung und (Aus-)Bildung stehen mag.

3.7 Zusammenfassung

Zwei Gruppen von Erklärungsfaktoren zeichnen insbesondere verantwortlich für die Variation der privaten Bildungsausgaben der wirtschaftlich entwickelten Demokratien. Zum einen ist es das politische Institutionensystem inklusive der Staatsfinanzen: Wo die Prozesse der Willensbildung durch Föderalismus und Dezentralisierung aufgeteilt sind und näher bei den Bürgern ablaufen, investieren diese mehr in die Bildung, und zwar bemerkenswerterweise ohne dass diese verfassungspolitischen Weichenstellungen die öffentlichen Bildungsausgaben bremsen, wie wir weiter oben in Abschnitt 2.7 gesehen hatten. Eine hohe Staatsausgabenquote (für alle Zwecke außer der Bildung) dagegen ist den privaten Bildungsausgaben abträglich, ebenso wie, in geringerem Maße, die Verpflichtung zur privaten Sozialvorsorge und die Institutionalisierung korporatistischer Interessenvertretung. Ein weiterer Faktor, die Erhebung einer Kirchensteuer, kann sowohl der ersten als auch der zweiten Faktorengruppe zugerechnet werden, bei der es sich um religiös-kulturelle Prägungen von Gesellschaft, Staat und Parteiensystem handelt: In Ländern, in denen Kirchensteuern oder ähnliche Abgaben erhoben werden, sind die privaten Bildungsausgaben signifikant niedriger als andernorts. Außerdem wird in katholisch geprägten Ländern von privaten Akteuren ebenso wie auch vom Staat (siehe Abschnitt 2.4) weniger für Bildungszwecke ausgegeben.[77] Diesen somit die gesamte Bildungsfinanzierung treffenden Bremseffekt teilt der Katholizismus (vermutlich nicht zufällig) mit der Christdemokratie, deren Regierungsbeteiligung auch mit niedrigeren privaten wie öffentlichen Bildungsausgaben einhergeht. Die übrigen Parteieneffekte sind für die privaten Bildungsausgaben weniger bedeutsam als für die öffentlichen (die Regierungsbeteiligung säkular-konservativer Parteien wirkt substanziell allenfalls mittelbar über geringere Staatsausgaben), und die demographische Konstellation hat im Gegensatz zu ihrer wichtigen Rolle für die öffentliche Bildungsfinanzierung überhaupt keinen nachweisbaren Effekt auf die privaten Bildungsinvestitionen.

Deutschland lag in den Analysen der privaten Bildungsausgaben nicht wie bei denjenigen der öffentlichen deutlich unter, sondern auf oder über der Trend-

---

[77] Es sei allerdings ausdrücklich darauf hingewiesen, dass an katholisch geführten Bildungseinrichtungen von Ordensleuten und Priestern unentgeltlich erbrachte Leistungen in den untersuchten Ausgaben-Daten nicht enthalten sind und so die Bedeutung des Katholizismus für das Bildungswesen von einer rein pekuniären Betrachtung tendenziell unterschätzt wird.

linie. Ursache dafür sind die vergleichsweise hohen Ausgaben der privaten Wirtschaft für Aus- und Weiterbildungsmaßnahmen. In anderen Ländern mit hohen und sehr hohen privaten Bildungsausgaben stammen diese dagegen vornehmlich von den privaten Haushalten und fließen zum größten Teil an die Hochschulen. Grund genug, im folgenden Kapitel den tertiären Bildungssektor und Deutschlands spezifische Position bei seiner Finanzierung genauer in den Blick zu nehmen.

4 Der Tertiärsektor unter der Lupe

"If there was ever a time when higher education needed sustained scholarly reflection on finance, it is now." (Michael/Kretovics 2005: 1)

Der internationale Trend der Hochschulfinanzierung läuft auf höhere private Kostenbeteiligungen – vor allem in Form von Studiengebühren – zu (vgl. GUNI 2006: 9, Heller/Rogers 2006 u. OECD 2006: 212). Über die Bewertung von Studiengebühren an sich und ihrer konkreten Ausgestaltung besteht jedoch weder in der Literatur noch in der öffentlichen Diskussion Einigkeit. Im vorliegenden Buch wird hierzu keine normative Positionierung angestrebt, steht doch die empirische Frage nach den Ursachen der Variation der öffentlichen und privaten Bildungsausgaben in seinem Zentrum. Die verschiedenen Aspekte und Positionen in dieser normativen Debatte sollen aber, etwas vereinfacht, an dieser Stelle zusammengefasst werden, weil sie für die Willensbildungsprozesse in den einzelnen Ländern relevant sind und für die später zu entwickelnden Strategien zur Steigerung der Bildungsausgaben in Deutschland natürlich starke Implikationen haben.

Es geht im Kern um die Leistungsfähigkeit des Hochschulsystems, um eine möglichst gerechte Lastenverteilung und um die Rolle des Staates bzw. den Charakter von Bildung als privatem oder sozialem Gut. Einerseits werden Gebühreneinführungen bzw. -erhöhungen und der damit einhergehenden Intensivierung des Wettbewerbs positive Effekte auf die Effizienz und Performanz der Hochschulen zugeschrieben (Aktionsrat Bildung 2007: 62, Leszczensky 2004: 25 u. Wolter 2001: 125), werden sie angesichts der regressiv umverteilenden Effekte kostenfreier Hochschulbildung als sozial gerechter angesehen (Biffl/Issac 2002 u. Foders 2001: 52f.), und es wird dem Staat die Fähigkeit (oder auch der Wille) abgesprochen, die aus demographischen und ökonomischen Gründen für notwendig erachteten zusätzlichen Ressourcen aufzubringen (Leuner/Woolf 2004: 193 u. Tanzi/Schuknecht 2000: 190). Andererseits wird die positive Wirkung von mehr Wettbewerb und Konsumentensouveränität[78] auf dem Bildungssektor unter anderem mit dem Verweis auf die eingeschränkte Kompetenz der Nachfra-

---

[78] Zur Rolle von Studierenden auf dem Markt für höhere Bildung sei auch auf folgenden Einwurf von Jansen/Göbel (2005: 107) verwiesen: „Studierende sind keine Kunden! Bildung ist keine Dienstleistung eines Dienstleisters! Das ist eine pseudo-unternehmerische Trivialisierung eines komplexen Vorgangs. [...] Studierende sind – wenn [wir] sie überhaupt in diese Kategorie fassen müssen – Alvin Tofflersche Prosumenten, die ihren Konsum selbst produzieren und sich dabei transformieren."

ger zur Qualitätsbeurteilung in Zweifel gezogen (Leibenstein 1998: 547, Rhoden 1991: 228 u. Ruch 2001: 142) und die drohende Segregation zwischen unterschiedlich zahlungskräftigen Studierenden sowie die Abschreckung von Schulabgängern aus (bildungs-)ärmeren Elternhäusern vom Studium[79] (vgl. Bräuninger/Vidal 2000: 388, Dewatripont 2001: 131 u. Esping-Andersen 1985: 34) als gerechtigkeitstheoretisch bedeutsamer angesehen als ein Abschöpfen der Bildungsdividenden. Des Weiteren sind Stimmen zu vernehmen, denen zufolge Bildung nicht nur ein ‚irreduzibel soziales Gut' (Taylor 1990) darstellt, sondern seine schrittweise Privatisierung auf Dauer auch die soziale Kohäsion und das Funktionieren von Demokratie wie Marktwirtschaft gefährdet (Crouch 2004: 79, Michael/Kretovics 2005: 68, Olssen/Codd/O'Neill 2004: 275 u. Whitty 2002: 97).

Diese Vielfalt der Haltungen zur Finanzierung der hochschulischen Bildung spiegelt sich auch in den stark unterschiedlichen nationalen Profilen der Hochschulausgaben in den OECD-Ländern wider, die Abbildung 31 darstellt. Zunächst fällt auf, dass in den USA, Südkorea und Japan die privaten Akteure mehr zu den Hochschulfinanzen beisteuern als die öffentlichen Haushalte[80], und auch in Australien ist bei Parität zwischen beiden Seiten der private Beitrag weitaus bedeutsamer, als wir das bei der Betrachtung der gesamten Bildungsausgaben überhaupt irgendwo gesehen hatten. In Skandinavien, Südeuropa und kontinentaleuropäischen Ländern wie Deutschland, Belgien und Österreich dagegen dominiert eindeutig die öffentliche Finanzierung, während die private nur kleine Zugaben beisteuert. Nur in Skandinavien und der Schweiz aber sind die staatlichen Beiträge so hoch, dass die gesamten Hochschulausgaben trotz privater Zurückhaltung mit der Weltspitze Kontakt halten können. Weitaus höher platziert als bei den Ausgaben für alle Bildungsbereiche ist im Hochschulsektor Kanada, aber auch Japan. Vielleicht überraschen wird viele Leser dagegen die schwache Position Großbritanniens. Bemerkenswert ist des Weiteren, dass die

---

[79] Diese abschreckende Wirkung kann auch von nachlaufenden Gebührenmodellen ausgehen. Eine nur sehr geringe Quote studierender Arbeiterkinder ist allerdings gerade im deutschen Fall bereits vor der Einführung von Studiengebühren zu verzeichnen gewesen.

[80] Hier hat hochschulische Bildung tatsächlich eher den Charakter eines privaten Gutes. In Südkorea sind mehr als 80% der Studierenden an privaten Universitäten eingeschrieben, die sich wiederum zu mehr als 70% aus Gebühren finanzieren (vgl. OECD 2006: 216), und in den USA ist die Preisentwicklung bei den Studiengebühren in den jüngsten Jahren geradezu dramatisch, während vom Wachstum der öffentlichen Förderung paradoxerweise vor allem Kinder von Eltern aus mittleren und höheren Einkommensschichten profitieren (vgl. Choy 2004: 2 u. 31). Weiterhin attraktiv ist der akademische Markt der USA für fast 600.000 Studierende aus aller Welt, die dort über 20 Mrd. jährlich ausgeben – und allein die Hälfte davon für Studiengebühren (FAZ vom 20. November 2007).

Variation der gesamten Hochschulausgaben enger an die privaten angelehnt ist als an diejenige der öffentlichen.[81]

Abbildung 30: Öffentliche und private Hochschulausgaben 2004[82]

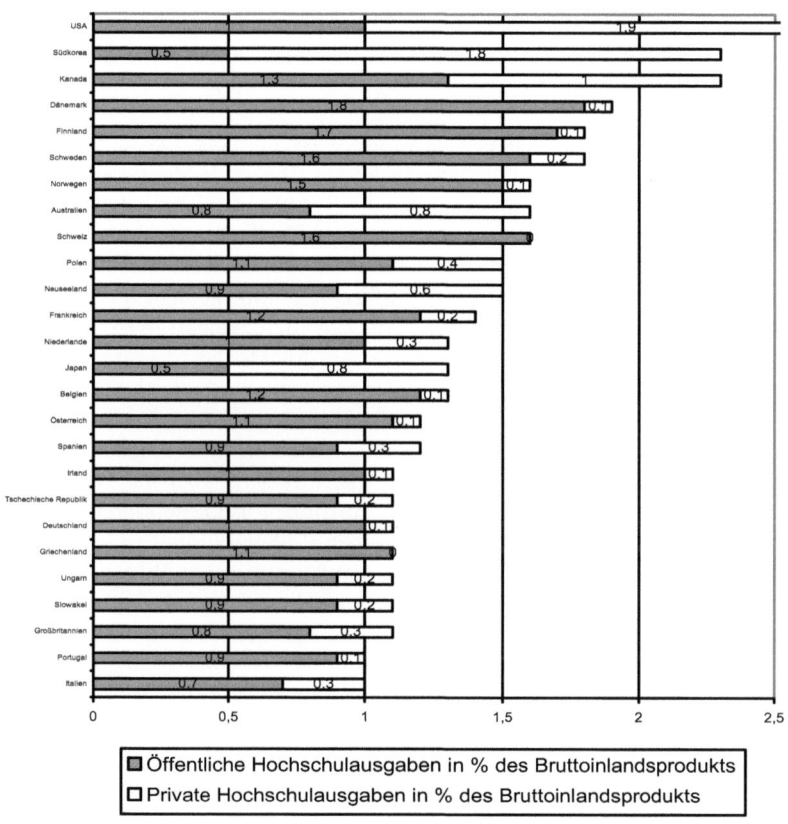

☒ Öffentliche Hochschulausgaben in % des Bruttoinlandsprodukts
☐ Private Hochschulausgaben in % des Bruttoinlandsprodukts

Quelle: Eigene Darstellung auf der Basis von OECD 2007: 208 und 2006: 205

---

[81] Die Assoziation der gesamten Hochschulausgaben mit den privaten Hochschulausgaben ist interessanterweise weitaus höher (r = 0,78) als diejenige mit den öffentlichen (r = 0,26).
[82] Die Werte für Kanada sowie diejenigen zu den privaten Bildungsausgaben Norwegens beziehen sich auf 2003. Für Griechenland und die Schweiz gibt es leider keine Daten zu den privaten Bildungsausgaben.

Drei Unterschiedsdimensionen sind für die empirischen Untersuchungsergebnisse zu den Bestimmungsfaktoren der Hochschulausgaben relevant: Erstens Unterschiede zwischen öffentlichen Hochschulausgaben und gesamten öffentlichen Bildungsausgaben, zweitens Unterschiede zwischen privaten Hochschulausgaben und gesamten privaten Bildungsausgaben, und drittens Unterschiede zwischen öffentlichen und privaten Hochschulausgaben. Was die erste dieser drei Vergleichsachsen anbelangt, so sind die demographischen, parteipolitischen und politisch-institutionellen Erklärungsfaktoren für die Variation der öffentlichen Hochschulausgaben nicht ganz so entscheidend wie für die gesamten öffentlichen Bildungsausgaben. Dagegen besitzt die wirtschaftliche Leistungskraft größere Bedeutung, ebenso wie das System der beruflichen Bildung (siehe Modell 53 in Anhang 3 samt Erläuterungen). Wo die Berufsausbildung hauptsächlich in und von den Betrieben geleistet wird, sind die öffentlichen Hochschulausgaben deutlich geringer als in Ländern mit schulischen oder dualen Berufsbildungssystemen. Offenbar korrespondiert also das öffentliche Engagement für hochschulische und berufliche (Aus-)Bildung dergestalt miteinander, dass die Mittel gleichmäßig verteilt werden. Oder, anders ausgedrückt: Das Muster der Arbeitsteilung zwischen Staat und Markt für die Humankapitalbildung ist in den OECD-Staaten über die beiden genannten Subsysteme symmetrisch. Anzumerken ist des Weiteren, dass die Erklärungskraft dieses und anderer, nicht abgedruckter Modelle zu den privaten Hochschulausgaben gleichmäßiger über die Fälle verteilt ist. Das heißt es gibt hinsichtlich der tertiären Bildung keine so klaren Ausreißer wie bei den Analysen der gesamten öffentlichen Bildungsausgaben.

Der positive Effekt des Föderalismus auf die privaten Bildungsausgaben kommt den Hochschulen in deutlich geringerem Maße zu Gute als den übrigen Sektoren des Bildungswesens. Außerdem führt eine höhere Bildungsbeteiligung im Hochschulbereich anders als im Schulbereich zu höheren privaten Investitionen. Schulische Bildung wird praktisch in der gesamten OECD-Welt als Grundrecht und genuine staatliche Aufgabe angesehen, weshalb private Ausgaben hier sozusagen nur ein Sahnehäubchen darstellen, wohingegen dies für die hochschulische Bildung zwar in einigen Ländern ebenso gilt, sie in vielen anderen Staaten aber als zumindest teilweise privat zu schulternde Investition behandelt wird. Und schließlich gibt es im Hochschulbereich im Gegensatz zur Situation bei den gesamten Bildungsausgaben einen eigenständigen, auch bei Inklusion von Staatsquote und BIP signifikanten Substitutionseffekt zwischen öffentlichen und privaten Bildungsausgaben, was ebenfalls mit dem gerade genannten Sachverhalt zusammenhängen dürfte. (Siehe zu diesem Abschnitt die Modelle 54 u. 55 in Anhang 3 samt Erläuterungen.)

Die Logiken der öffentlichen und der privaten Hochschulfinanzierung schließlich unterscheiden sich dahingehend, dass die Zahl der Studierenden

(bzw. ihr Bevölkerungsanteil) nur mit den privaten Ausgaben direkt positiv verknüpft ist. Die Variation der öffentlichen Hochschulausgaben lässt sich dagegen
weitgehend mit den bereits angesprochenen Variablen berufliches Bildungssystem und BIP sowie dem bekannten Interaktionsterm aus Protestantismus, Rechts-
Links-Parteiendifferenz und Gewerkschaftsmacht erklären[83], während die privaten Hochschulausgaben im Übrigen von denselben Faktoren getrieben werden
wie die gesamten privaten Bildungsausgaben (siehe Modelle 53 und 54 in Anhang 3 samt Erläuterungen).

Die öffentlichen Hochschulausgaben Deutschlands lagen 2004 genau im
OECD-Durchschnitt von 1,0%[84], aber die privaten sind mit lediglich 0,1% die
geringsten unter den hier verglichenen Ländern (siehe Abbildung 30). Daher
belegt Deutschland im Vergleich der OECD-Staaten auch bei den gesamten
(öffentlichen plus privaten) Hochschulausgaben einen Platz im hintersten Teil
der Tabelle. Insgesamt gehen etwas mehr als zwei Drittel der privaten Bildungsausgaben der OECD-Staaten in den so genannten tertiären Bildungssektor, also
den Hochschulbereich (gegenüber weniger als einem Fünftel der öffentlichen
Bildungsausgaben). Umgekehrt bedeutet das, dass rund ein Viertel der gesamten
Hochschulausgaben in der OECD von privater Seite stammen. Abbildung 3 (in
der Einleitung) zeigt des Weiteren, dass der Anteil der privaten an den gesamten
Hochschulausgaben in sieben Ländern unter 10% und in sechs weiteren unter
20% liegt, in den asiatischen Staaten und den angelsächsisch geprägten Siedlerstaaten dagegen zwischen 40% und 80%.

Deutschland ist demnach ein interessanter Sonderfall: Hierzulande wird,
wie oben gesehen, von privater Seite zwar überdurchschnittlich viel für Bildung
ausgegeben, aber eben gerade nicht für akademische Ausbildungsgänge, auf die
lediglich ein Neuntel der privaten Bildungsausgaben in Deutschland entfällt.
Damit ist Deutschland eines von nur fünf OECD-Ländern, in denen die private
Wirtschaft mehr für Bildung ausgibt als die privaten Haushalte.

In der Zwischenzeit sind allerdings in sieben Bundesländern Studiengebühren eingeführt worden. Ohne Zweifel haben sich dadurch die privaten Hochschulausgaben erhöht. Doch welche makroquantitative Bedeutung haben diese
zusätzlichen Ausgaben für die Position Deutschlands im internationalen Vergleich? Verlässliche Statistiken zur Höhe der tatsächlichen Einnahmen der deutschen Hochschulen aus Studiengebühren liegen bislang noch nicht vor. Ihrer
ungefähren Größenordnung kann man sich aber aus zwei Richtungen annähern:

---

[83] Busemeyer (2006a: 292) zeigt zudem einen positiven Zusammenhang zwischen der Offenheit der
Volkswirtschaft und den öffentlichen Hochschulausgaben.
[84] Etwas zuungunsten Deutschlands verzerrt sein könnte diese Statistik allerdings dadurch, dass die
öffentlich finanzierten außeruniversitären Forschungseinrichtungen davon nicht abgedeckt werden.
Den Hinweis hierauf verdanke ich Manfred G. Schmidt.

Zunächst kann man durch eine einfache Modellrechnung eine angesichts des derzeitigen Standes der Gesetzgebung realistische Obergrenze bestimmen. Sodann kann man auch die in offiziellen Verlautbarungen der Gebühren erhebenden Bundesländer genannten ersten Zahlen aufsummieren. Beides geschieht im Folgenden. (Für die wichtigsten Gründe für die Diskrepanz zwischen den resultierenden Werten, wie auch zu den – zwischen den Gebühren erhebenden Ländern aufgrund unterschiedlicher Modalitäten stark unterschiedlichen – Folgen für individuelle Studierende vgl. Wolf/Mahner 2008.)

In den sieben Bundesländern, in denen zum Wintersemester 2007/2008 Studiengebühren erhoben werden, waren ein Jahr zuvor 1,38 Millionen Studierende immatrikuliert (Quelle: Statistisches Bundesamt). Der Einfachheit halber, und auch angesichts der bisherigen Erfahrungen, soll angenommen werden, dass sich gebührenbedingte Abwanderungen und wachsende Nachfrage (u. a. aufgrund wachsender bzw. doppelter Abiturientenjahrgänge) in etwa die Waage halten.[85] Bei Gebühren von 1.000 € jährlich, von denen 10% in Ausfallsicherungsfonds abgezweigt werden und dadurch den Hochschulen de facto nicht zur Verfügung stehen, ergäben sich Einnahmen von 1,12 Mrd. €.

Die Prognosen und ersten Wasserstandsmeldungen, die die Landesregierungen der Gebühren erhebenden Länder in verschiedenen Kontexten selbst gestellt bzw. gegeben haben, nahmen, nachdem sie anfangs wohl auch aus strategischen Gründen sehr optimistisch eingeschätzt wurden, über die Zeit deutlich ab und addieren sich nunmehr zu einer spürbar geringeren Summe von etwas über 800 Mio. €. Das entspricht knapp 0,035% des BIP und bedeutet, dass die privaten Ausgaben für tertiäre Bildung in Deutschland dadurch um etwa ein Drittel anwachsen. Und es stellt auch im Hinblick auf die Arbeitsteilung zwischen dem Staat und dem privaten Sektor sowie auf die Gewichtung zwischen den verschiedenen Teilsystemen des Bildungswesens einen durchaus beachtlichen Wandel des spezifischen deutschen Bildungsausgabenprofils dar.

Die Position Deutschlands im internationalen Vergleich der privaten Hochschulausgaben (wie auch ihres Anteils an den gesamten Hochschulausgaben) verändert sich dadurch jedoch nur geringfügig: Man nähert sich damit dem Niveau von Staaten wie Frankreich oder Schweden, bleibt von Verhältnissen wie in den angelsächsischen Siedlerstaaten und den asiatischen OECD-Mitgliedsländern aber weit entfernt. Selbst eine bundesweite Einführung von Studiengebühren in Kombination mit einer Verdreifachung ihrer Höhe (von manchen Verfechtern derselben gefordert, und vorstellbar wohl nur durch eine Spreizung der Kosten nach Fächern und Abschlussarten) würde – eine preisunelastische Nachfrage unrealistischerweise einmal angenommen – die private Bildungsausgaben-

---

[85] Gehen wir des Weiteren für die Zwecke dieser Modellrechnung davon aus, dass durchschnittlich nur 10% dieser Studierenden von der Bezahlung der Gebühren befreit werden.

quote lediglich auf etwa 0,3% des BIP und damit auf etwa drei Viertel des O-ECD-Durchschnittswerts anheben. Bislang aber verstärkt die partielle Gebühren-erhebung vor allem auch die Disparitäten zwischen den Bundesländern in der Ausstattung der Hochschulen mit Einnahmen von privater Seite. Deren Spann-weite verdoppelt sich nahezu, da die Länder, welche schon bisher an der Spitze der privaten Hochschuleinnahmen standen, jetzt Gebühren eingeführt haben, die Schlusslichter hingegen gerade nicht.

5 Prognose: Wie es weiter geht, wenn sich nichts ändert

Wie ist es um die Zukunft der Bildungsfinanzen bestellt, sofern sich nichts Wesentliches an der Bildungspolitik und den bildungsrelevanten Aktivitäten der privaten Haushalte und Firmen ändert? In diesem Fall ergäbe sich eine Mischung aus Stagnation und ‚change without choice' (Rose/Davies 1994: insbesondere 221ff.), also derjenigen Art von Wandel, die sich ohne neue Entscheidungen oder Verhaltensänderungen aus Hintergrundtrends (etwa demographischer oder ökonomischer Natur) ergibt.

Was die wirtschaftliche und die demographische Entwicklung in Deutschland anbelangt, dürfte der positive Einfluss des zukünftigen Wirtschaftswachstums auf die öffentlichen Bildungsausgaben bei Weitem von den negativen Folgen der Alterung der Gesellschaft konterkariert werden: Die ins Bildungswesen nachwachsenden Generationen werden zumindest in den kommenden beiden Jahrzehnten kleiner, und die aus dem Erwerbsleben ausscheidenden Kohorten größer, und das (unter diesen Bedingungen ohnehin schwieriger zu erreichende) Wirtschaftswachstum müsste schon kolossal ausfallen, um unter diesen Umständen die öffentlichen Bildungsausgaben in Deutschland konstant zu halten. Wohlgemerkt: Immer unter der Voraussetzung, dass sich keine wesentlichen neuen politischen Weichenstellungen und gesellschaftlichen Verhaltensänderungen ergeben, die Bildungspolitik und ihre Finanzierung also weiter nachrangig gegenüber der (sonstigen) Sozialpolitik behandelt wird.

Größere Veränderungen der religiös-kulturellen Prägungen und der politischen Institutionenlandschaft sind nicht abzusehen,[86] weshalb von den dazu zählenden Bestimmungsfaktoren sicherlich ein Beitrag zur Fortschreibung der bisherigen – allenfalls mittelprächtigen – öffentlichen Bildungsfinanzierungs-Situation erwartet werden kann. Allenfalls der jüngere Trend zur Konsolidierung der Haushalte von Bund und Ländern könnte, so er den sich andeutenden Konjunkturabschwung übersteht, dann positive Auswirkungen auf die Höhe der Bildungsausgaben haben, wenn diese weiterhin von Sparmaßnahmen unterdurchschnittlich betroffen sind, von einer abnehmenden Zinslast aber in höherem Maße profitieren.

---

[86] Ebenso wenig ein völliger Niedergang oder eine dramatische Renaissance der Gewerkschaftsmacht.

Vorhersagen der künftigen Parteienkonstellationen in den (für die Bildungsfinanzen gegenüber Bund und Kommunen bedeutsameren) Landtagen und Landesregierungen sind derzeit ein besonders waghalsiges Unterfangen. Am sichers-
ten scheint noch die Prognose, dass das Bild vielfältiger werden dürfte und nicht
mit der Hegemonie einer Partei oder Koalition zu rechnen ist. Bezüglich der
parteipolitischen Färbung an sich ist deshalb keine größere Veränderung zu erwarten. Eher schon könnte sich ein mittelbarer Effekt einer wachsenden Anzahl
heterogenerer und größerer Koalitionen ergeben: Diese neigen zu höheren Ausgaben, allerdings auch zu höheren Defiziten (vgl. Hildebrandt 2008: 187f.), und
dies könnte zumindest kurz- und mittelfristig zu Gunsten der Bildungsausgaben
wirken, langfristig allerdings wiederum die bekannten Folgen höherer Schulden
zeitigen.[87]

Insgesamt gesehen würde Weiterwursteln wie bisher für die öffentliche Bildungsfinanzierung in Deutschland also bedeuten, dass man Mühe haben dürfte,
den derzeitigen Platz im hinteren Mittelfeld der Bildungsausgaben-Tabelle der
OECD-Staaten, also der wirtschaftlich entwickelten Demokratien, zu verteidi-
gen.[88] Ambitionen auf die UEFA-Cup-Plätze oder auch nur den UI-Cup darf man
dann aber nicht hegen. Was das für die Zukunft Deutschlands als Kulturnation
und Exportweltmeister bedeutet, können Philosophen, Pädagogen, Ökonomen
und die Vertreter des Feuilletons vielleicht am besten beurteilen. Aber auch einfache Bürger und Politikwissenschaftler sollten sich darüber Gedanken machen.

Auch auf der Seite der privaten Bildungsausgaben ist, so es nicht zu eigen-
ständigem oder politisch veranlasstem Motivationswandel kommt, auf der Basis
der oben vorgenommenen Untersuchungen eher mit sinkenden Ausgaben zu
rechnen: Der demographische Wandel schlägt hier zwar nur im Hochschulbereich (und damit etwas zeitversetzt) als Bremsfaktor zu Buche, dort aber dann
besonders stark, und ein höheres BIP wirkt hier zudem weit weniger als auf der
öffentlichen Seite als (teilweise) Kompensation. Zu beachten ist jedoch, dass die
Einführung von Studiengebühren in den untersuchten Daten noch nicht enthalten
ist und die private Bildungsausgabenquote in Deutschland um ca. 0,035 Prozentpunkte erhöht hat. Zwar stehen sie in zwei Bundesländern, Hamburg und Hessen, zum Zeitpunkt der Abfassung des vorliegenden Bandes zumindest in ihrer
ursprünglichen Form schon wieder auf der Kippe, und in weiteren Gebührenlän-
dern stehen 2009/2010 Landtagswahlen an, deren Ergebnisse ähnliche Folgen

---

[87] Hinzu kommen könnte, dass in großen und heterogeneren Koalitionen die Bildungspolitik oft einer
der heiklen Punkte sein dürfte – mit ungewissem Ausgang hinsichtlich ihrer Finanzausstattung.

[88] Sicherlich sind auch manche der Staaten, die derzeit höhere öffentliche Bildungsausgabenquoten
aufweisen als Deutschland, vor sinkenden Ausgaben (insbesondere in Folge der demographischen
Entwicklung) nicht gefeit, sodass beispielsweise Italien überholt werden könnte. Andererseits ist
etwa Irland ein Kandidat für eher noch anwachsende Bildungsausgaben und könnte Deutschland
deshalb hinter sich lassen.

zeitigen könnten. Dennoch kompensieren die Studiengebühren den Abwärtstrend zu einem Gutteil.[89] Zudem würde der verbleibende leichte Abwärtstrend auf im internationalen Vergleich höherem Niveau ansetzen und Deutschlands relative Position hinsichtlich der privaten Bildungsfinanzierung weniger stark gefährden als auf der öffentlichen Seite. Für die Summe der öffentlichen und privaten Ausgaben sieht es vor dem Hintergrund des oben Ausgeführten dennoch nicht besonders gut aus. Wie dem abgeholfen werden könnte, steht im Mittelpunkt des folgenden Kapitels.

---

[89] Sollte der im internationalen Vergleich der Hochschulfinanzierung feststellbare Substitutionseffekt zwischen öffentlichen und privaten Ausgaben greifen, muss allerdings auch mit Einsparungen auf öffentlicher Seite gerechnet werden.

6 Strategien zur Steigerung der Bildungsausgaben in Deutschland

Wer die Bildungsausgaben in Deutschland spürbar und nachhaltig erhöhen möchte – und dazu kann es ganz unterschiedliche Motive geben, die von humanistisch-pädagogischen Grundüberzeugungen über berufsgruppenspezifische Standesinteressen bis hin zu wachstumspolitischen Heilserwartungen reichen – hat vor dem Hintergrund des zuvor Ausgeführten drei Arten von Optionen: Die erste (und möglicherweise einfachste) besteht darin, vorhandene Wirkungszusammenhänge auszunutzen. Die zweite zielt darauf ab, bestehende Wirkketten zu verändern, und die dritte bringt neue Einflussfaktoren ins Spiel. Im Folgenden werden, von Ersterer zu Letzterer führend, verschiedene Ausprägungen aller drei Typen von Handlungsmöglichkeiten diskutiert[90] (wobei jeweils gegebenenfalls wieder die Differenzierung zwischen privaten und öffentlichen Bildungsausgaben und die Sonderbetrachtung des Hochschulbereichs aufgegriffen wird). Diese sind als Panoptikum der Strategien zu lesen, denen ein weiteres Szenario gegenübersteht, dessen Auswirkungen im vorigen Kapitel geschildert wurden und das hier nicht weiter diskutiert zu werden braucht, da es hinlänglich bekannt ist: Das Weiterwursteln wie bisher, irgendwo im unteren Mittelfeld der Bildungsinvestitions-Tabelle der wirtschaftlich entwickelten Demokratien.

Während ein breites Spektrum an Möglichkeiten besteht, sind nicht alle vorzustellenden Maßnahmen und Strategieelemente miteinander kompatibel. Aus der Art und Weise ihrer Kombination erwachsen unterschiedliche Profile, welche im abschließenden Fazit skizziert werden.

Hoffen auf Wirtschaftswachstum?

Ein Faktor, der eigentlich immer genannt wird, wenn es um die Aussichten von zusätzlichen Leistungsforderungen an den Staat geht, ist das Wirtschaftswachstum. Brummt die Konjunktur, sprudeln die Steuereinnahmen ohne Anhebung der

---

[90] Hier kann zu Recht gefragt werden, inwiefern aus der zuvor erfolgten Querschnittsanalyse des internationalen Vergleichs überhaupt Strategien zur Veränderung über die Zeit in einem Land abgeleitet werden können. Dies kann nur unter besonderer Berücksichtigung der oben jeweils mitdiskutierten deutschen Position und der (in Wolf 2006a auch über die Zeit analysierten) innerdeutschen Verhältnisse, insbesondere im Bezug auf die Kompetenzen der Bundesländer, gelingen. Darüber hinaus ist es zugegebenermaßen schlicht auch eine Frage der Plausibilität.

Sätze üppiger, und so lassen sich die öffentlichen Bildungsausgaben, zumindest die pro Kopf der Bevölkerung bemessenen, schmerzlos – ohne die Schlechterstellung anderer Aufgabenbereiche – erhöhen. (Doch auch ihr Anteil an eben jenem Bruttoinlandsprodukt, so zeigten es die oben ausgeführten Analysen, fällt tendenziell höher aus, je größer dieses ist. Gegengerechnet werden muss allerdings der – von der Substanz her geringere – Bremseffekt des Wirtschaftswachstums auf die private Bildungsausgabenquote.) Der bundesstaatliche Finanzausgleich sorgt zudem dafür, dass alle Länder-Boote gleichermaßen angehoben werden, wir uns also keine zusätzlichen Sorgen um die föderale Chancengerechtigkeit machen müssen (vgl. hierzu auch Wolf 2007a). So weit, so gut: Verweisen wir die Befürworter höherer staatlicher Bildungsinvestitionen also einfach auf die Hoffnung, dass der gegenwärtige Aufschwung anhält oder der nächste sicher im Frühjahr (in welchem auch immer) kommt. Oder besser doch nicht? Getrübt werden solche Aussichten erstens davon, dass die öffentlichen Bildungsausgaben von Bund und Ländern in Deutschland geringer sind, als dies auf der Basis der aggregierten deutschen Wirtschaftsleistung zu erwarten wäre. Daraus kann nämlich die Vermutung abgeleitet werden, dass das Bildungswesen von einem Aufschwung zwar profitiert, aber weniger, als dies in anderen Ländern der Fall ist. Zweitens gibt es gute Argumente dafür, dass das Wirtschaftswachstum langfristig gesehen gerade auch zu einem Gutteil von den Bildungsinvestitionen abhängt (vgl. Barro 1997: 13 u. 23, u. OECD 2003b: 60 u. 76ff.).[91] Aus dieser Perspektive wäre es verfehlt, auf Wachstum zu warten, um die Bildungsausgaben anzuheben. Angesichts des Henne-Ei-Verhältnisses sollte doch, wenn überhaupt, dann wohl eher an beiden Seiten dieses ‚virtuous circle'[92] angesetzt werden. Und drittens sollte der Aspekt der Nachhaltigkeit bedacht werden: Eine dauerhafte Besserstellung der Bildung müsste schließlich gerade auch in Rezessionsphasen Bestand haben. (Kritiker der Wachstumseuphorie – ein paar versprengte gibt es noch, vgl. Deutscher Studienpreis 2007 – würden zudem anfügen, dass eine Entkopplung von Wirtschaftswachstum und steigenden Umweltbelastungen noch nicht in Sicht ist.)

---

[91] Laut dem Bundesländer vergleichenden Bildungsmonitor des Instituts der Deutschen Wirtschaft allerdings „fördern lediglich in den südlichen Regionen Schulen, Hochschulen und Berufsbildung das Wirtschaftswachstum" (IWD Informationsdienst vom 16.12.2004).
[92] Manche Wörterbücher übersetzen dieses Gegenteil eines ‚vicious circle' oder Teufelskreises mit Engelskreis, der Duden kennt dieses Wort aber nicht.

Sich der Parteiendifferenzen bedienen – Wähler mobilisieren?

Im Bundesländervergleich fallen die öffentlichen Bildungsausgaben höher aus, je stärker die Regierungsbeteiligung von Union und FDP ist – und die Länder stemmen bekanntlich den Löwenanteil der Bildungsausgaben in Deutschland. Teil einer Strategie zu ihrer Erhöhung der Bildungsausgaben könnte also die Mobilisierung von Wählern für diese Parteien sein. Die Lehrenden und Lernenden der Republik stellen immerhin 4,5% der Wahlberechtigten (vgl. Schmidt 2007c: 477), und an Bildungsfragen stark interessiert sein sollten eigentlich weit größere Bevölkerungskreise, beginnend, aber sich keinesfalls erschöpfend mit den Eltern von Schülern und den Angehörigen der Lehrpersonen.

Zweierlei begrenzt allerdings die Erfolgsaussichten einer solchen Strategie: Zum einen sind die allgemeinen Parteipräferenzen der genannten Gruppen heterogen und in Teilen, gerade auch aufgrund anderer bildungspolitischer Themen wie der Studiengebühren, deutlich gegen die betreffenden Parteien gerichtet, so dass von interessierter Seite ganz erhebliche Überzeugungsarbeit geleistet werden müsste. (Anderseits geht mit der relativen bisherigen Aversion natürlich auch ein größeres Umschwungpotenzial einher.) Mit dem Bildungsstand hingegen sind in Deutschland nicht eine größere oder kleinere Präferenz für eines der politischen Lager verbunden, sondern lediglich Verschiebungen innerhalb derselben: Höher gebildete wählen öfter als der Durchschnitt der Wahlbevölkerung kleinere Parteien (vgl. Forschungsgruppe Wahlen 2005: 177). Auf die Präferenzen zu den Ausgaben für verschiedene Arten von staatlichen Leistungen, so lehren es international vergleichende Studien (vgl. Iversen 2005: 110f.), hat der allgemeine Bildungsstand jedoch wiederum einen klaren Einfluss. Je höher der Bildungsstand, desto höher ist die Präferenz für ‚postmaterialistische' Ausgabenbereiche wie Kulturelles und Umweltschutz.[93]

Zum anderen gibt es Anzeichen dafür, dass die bürgerlichen Parteien im sich nunmehr bundesweit abzeichnenden Fünf-Parteien-System zu Kompromissen zu Lasten ihrer bildungspolitischen Präferenzen bereit sind. So hat die Hamburger CDU den Grünen in den Koalitionsverhandlungen im Frühjahr 2008 zu-

---

[93] Spezifische Bildungsgüter dagegen führen zu einer höheren Präferenz für traditionelle Sozialschutzausgaben (Iversen 2005: 110; zum Verhältnis des Schutzes vor alten und neuen sozialen Risiken, zu deren letzteren er das Risiko inadäquater Ausbildung in einer Wissensökonomie zählt, vgl. auch Armingeon 2006). Kitschelt/Rehm (2006: 68) bieten des Weiteren Umfragedaten zu den Präferenzen für Mehr- oder Minderausgaben für verschiedene Risiken. Hier schneidet die Unsicherheit von Bildungsinvestitionen weit besser ab als schwache oder überflüssig gewordene Fähigkeiten und fast so gut wie die Standardrisiken Alter und Krankheit. Die folgenden Analysen (ibid.: 70ff.) zeigen, dass höher Gebildete und Jüngere (wie auch Frauen) eine überdurchschnittliche Präferenz für öffentliche Bildungsausgaben haben.

gunsten ihres wirtschaftspolitischen Hauptziels, der Elbvertiefung, im Bereich der Bildung unerwartet große Zugeständnisse gemacht.

Die Finanzausstattung der Bundesländer verbessern?

Die Finanzierungsbedingungen des Bildungswesens in Deutschland, und hier insbesondere die relative Benachteiligung steuerfinanzierter Länderaufgaben, waren als einer der wirkmächtigsten Bremsfaktoren für die öffentliche Bildungs-finanzierung identifiziert worden. Warum also nicht den Stier bei den Hörnern packen und die Länder in die Lage versetzen, das Bildungswesen großzügiger auszustatten? Diskussionen der Länderfinanzen laufen derzeit praktisch immer unter den Überschriften ‚Föderalismusreform II' und ‚2019'. Die Finanzbezie-hungen zwischen den Ländern sowie zwischen den Ländern und dem Bund sol-len, so die Zielsetzung der ‚Kommission zur Modernisierung der Bund-Länder-Finanzbeziehungen' unter der Leitung des SPD-Bundestagsfraktionsvorsitzenden Peter Struck und des baden-württembergischen Ministerpräsidenten Günther Oettinger, u.a. zur „Stärkung der aufgabenadäquaten Finanzausstattung" (Bun-destags-Drucksache 16/3885 vom 14.12.2006) neu gestaltet werden. De facto werden die noch genauer zu bestimmenden Neuerungen größtenteils erst für die Zeit nach dem Auslaufen der momentan geltenden Finanzausgleichsregelungen und des Solidarpakts II (wie auch der seit der Föderalismusreform 2006 bis da-hin abschmelzenden Mittel des Bundes für den Hochschulbau) im Jahr 2019 gelten können. Es scheint also, als müsse man in dieser Hinsicht in Äonen den-ken, und die Verzögerungen der Kommissionsarbeit stellen sogar in Frage, ob man für diese ferne Zukunft auf entscheidende Veränderungen hoffen darf. Im-merhin versprächen die hoch umstrittenen Schuldenbegrenzungsmechanismen (für verschiedene Varianten vgl. Feld 2008) in Kombination mit einer kollektiv geschulterten Sanierung der am stärksten verschuldeten Bundesländer Bremen, Saarland und vor allem Berlin, so sie denn Realität würden, gute Aussichten für eine Besserstellung der Bildungsfinanzen, werden diese doch von der Staatsver-schuldung negativ beeinflusst. Im Rahmen der akzeptierten Verschuldungsgren-zen spricht darüber hinaus jedoch Vieles dafür, Bildungsinvestitionen bei der Berechnung des verfassungsrechtlich erlaubten Defizits (vgl. zu den Unterschie-den bei den einschlägigen Regelungen in den Bundesländern Hildebrandt 2008: 180ff.) zumindest nicht schlechter zu stellen als die unter den bisherigen Investi-tionsbegriff fallenden klassischen Bau- und Sachausgaben, etwa für Kantinenge-schirr, Umgehungsstraßen oder sich gegenseitig kannibalisierende Gewerbe-parks.

Weitestgehend verschlossen ist dagegen der früher, zuletzt etwa bei der Ganztagesschulinitiative (vgl. Wolf/Henkes 2007: 368f.), ad hoc gangbare Weg, wonach der Bund den Ländern schlicht und einfach Finanzhilfen für von ihm als förderungswürdig erachtete Zwecke zur Verfügung stellte. Seit der Föderalismusreform 2006 lässt der neuformulierte Artikel 104b GG diese nur noch zu, „soweit dieses Grundgesetz ihm Gesetzgebungsbefugnisse verleiht", also definitiv nicht mehr im Schulbereich, aber auch nicht mehr beim Hochschulbau, sondern lediglich für die die hochschulische Bildung am Rande tangierende Forschungsförderung. Dass die Länder hier die ihnen oft lästigen sogenannten ‚goldenen Zügel' abgestreift haben, könnte sich gerade vor dem Hintergrund der unklaren Zukunft der übrigen föderalen Finanzbeziehungen noch als bildungspolitischer Schildbürgerstreich insbesondere der finanzschwächeren Bundesländer erweisen.

Dauerhaft höhere Bildungsausgaben ermöglichen könnte schließlich auch – etwa nach baden-württembergischem Vorbild – das Einbringen von Privatisierungserlösen in Stiftungen. Bedacht werden müssen dabei allerdings Fragen der demokratischen Kontrolle und der Nöte, in die Investitionszuschüsse aus Programmen solcher Stiftungen die laufenden Haushalte wegen des daraus folgenden Unterhalts- und Betriebsaufwands stürzen können (vgl. hierzu Wolf 2006a: 237f.).

Steuern anheben oder senken?

Ein anderer Weg, der grundsätzlich ab sofort gangbar wäre, bestünde dagegen schlicht in der Erhöhung von Steuern, deren Erträge ganz oder zum Teil den Ländern zufließen, im Rahmen des bestehenden Systems. Höhere Steuereinnahmen führen, wie oben gesehen, tendenziell auch zu höheren öffentlichen Bildungsausgaben. Was etwa die Mehrwertsteuererhöhung zum 1. Januar 2007 anbelangt, so liegt zwar noch keine amtlich-statistische Aufbereitung der darauf folgenden Ausgaben der Länder vor, ein Blick auf die Haushaltsansätze für das Jahr 2007 deutet aber ebenfalls darauf hin, dass das Bildungswesen davon profitiert hat. Immer wieder vorgeschlagen wird auch eine Wiedereinführung der im Ertrag den Ländern zustehenden Vermögensteuer, die (wie die Erbschaftssteuer) gerade auch aus gerechtigkeitstheoretischer Sicht, und propagiert etwa von gewerkschaftlicher Seite, mit Investitionen in die Chancengerechtigkeit durch verbesserte Bildungschancen in Verbindung gebracht wird. Da mittlerweile die Besteuerung der Vermögenserträge immer weniger an die durch den (seinerseits umstrittenen) Kirchhof'schen Halbteilungsgrundsatz gezogene 50-50-Grenze heranreicht, sprechen keine verfassungsrechtlichen, sondern nurmehr wahltakti-

sche und pragmatische, Aufwand und Ertrag pessimistisch gegeneinander abwä-
gende Gründe dagegen.

Im Gegenzug könnte allerdings argumentiert werden, dass eine Senkung
von Steuern (und damit der Staatsquote) die privaten Bildungsausgaben erhöhen
dürfte. Sofern man keine anderweitig motivierten Präferenzen hinsichtlich der
Arbeitsteilung zwischen Staat und Privatsektor hat, bietet sich zunächst einfach
ein Vergleich zwischen dem Umfang des Effekts der Staatquote auf die privaten
Bildungsausgaben mit demjenigen auf die öffentlichen an. Auf der Basis der
oben ausgeführten Analysen ist hierzu festzuhalten, dass, je nach Erklärungsmo-
dell, der positive Effekt auf die öffentlichen Bildungsausgaben um ein Drittel bis
50% größer ist als der negative auf die privaten. Wem die absolute Höhe der
gesamten Bildungsausgaben also wichtiger ist als die Verteilung ihrer Herkunft,
der müsste eher für den Weg über höhere Steuern argumentieren.

Zu den steuerlich steuernden Maßnahmen im weiteren Sinne wäre, auf dem
Sektor der beruflichen Bildung, auch eine Ausbildungsplatz-Abgabe oder -Um-
lage zu zählen. Angesichts der jeden Herbst festzustellenden Ausbildungsplatz-
lücke scheint dies auf den ersten Blick ein verlockendes Instrument zu sein, mit
Hilfe dessen ausbildende Betriebe von trittbrettfahrenden entschädigt würden.
Zwei Faktoren bleiben bei einer oberflächlichen Betrachtung allerdings unterbe-
lichtet: Zum einen ist der Mangel an betrieblichen Ausbildungsplätzen stark
asymmetrisch über Regionen und Branchen verteilt (BMBF 2008: Kapitel 1.1),
sodass eine solche Maßnahme mangels entsprechender Kapazitäten wohl nicht
besonders zielgenau wirken könnte. Zum andern werden die Befürchtungen
geäußert, dass ihre Einführung weitestgehend wirkungslos bleiben
(Troltsch/Krekel 2006), die Ausbildungsbereitschaft gerade in denjenigen für die
Zukunft des Standorts Deutschland nicht gerade unwichtigen Betrieben und
Sparten senken, „in denen die Ausbildung sehr teuer ist und Ausbildungsinvesti-
tionen sich erst langfristig auszahlen" (BiBB-Pressemitteilung vom 31.03.2004),
oder gar eine Mentalität des sich von Ausbildungsbemühungen Freikaufens be-
fördern könnte. Letztere könnte sich, so die düstersten Prognosen, in nicht-
intendierter Weise, also negativ, auf die Zahl der angebotenen Lehrstellen auswirken und in eine Abwärtsspirale münden (Position des ifo Instituts für Wirt-
schaftsforschung in der Anhörung des Bundestags-Ausschusses für Bildung,
Forschung und Technikfolgenabschätzung am 23.04.2004 laut HIB-Meldung
104/2004). Wohlgemerkt könnte (und sollte wohl auch) ein Strategieelement zur
Aufbesserung der Bildungsfinanzen durchaus in der Förderung der (dualen, aber
angesichts der angesprochenen Probleme realistischerweise auch der vollschuli-
schen) Berufsbildung bestehen. Ob der Weisheit letzter Schluss in dieser Hinsicht eine Ausbildungsplatzabgabe wäre, ist dagegen unklar.

Programmkonkurrenzeffekte ausnutzen?

Im Bundesländervergleich, wenn auch nicht im internationalen Vergleich, bestehen spürbare Konkurrenzeffekte zwischen den Feldern Soziales und Innere Sicherheit auf der einen und Bildung auf der anderen Seite. Einsparungen in den
beiden erstgenannten Bereichen sollten demnach schon ceteris paribus, d.h.
wenn alle übrigen Größen und Zusammenhänge konstant bleiben, höhere öffentliche Bildungsausgaben nach sich ziehen, und im Rahmen einer integrierten
Strategie zur Förderung des Bildungswesens könnten die freiwerdenden Mittel
noch gezielter dorthin umgelenkt werden. Je starrer man die Gesamtausgabensi-
tuation im Lichte des vorangegangenen Abschnitts einschätzt, umso bedeutsamer
ist dieser Aspekt. Zugegebenermaßen kommen wir damit in Gegenden, in denen
„es weh tut", um es in der Sportkommentatoren-Sprache auszudrücken, und
nicht jeder politische Akteur bewegt sich dort gerne. Soll man an der Pflege-
oder der Krankenhausinfrastruktur sparen, das Landeserziehungsgeld oder das
Landesblindengeld (weiter) kürzen, um die Schulen und Hochschulen besser
ausstatten zu können? Soll man statt Polizisten in Zeiten der Terrorfurcht trotz-
dem lieber Lehrer und Professoren einstellen? Befürworter höherer Bildungsausgaben, die realistisch sind und es sich nicht nur mit wohlfeilen Vorschlägen
einfach machen wollen, müssen darüber zumindest ernsthaft nachdenken, und sie
sollten die damit einhergehenden Härten und Zielkonflikte offen ansprechen.
Letztendlich geht es dabei um die Frage, welche Staatsaufgaben uns als Bürgern
bei gegebenem Steuer- bzw. Staatsausgabenkuchen wie wichtig und wie viel
wert sind.

Kirchensteuer abschaffen?

Die Erhebung von Kirchensteuern und ähnlichen Abgaben geht, so lehrt es der
internationale Vergleich, zu Lasten der privaten Bildungsausgaben. Befürworter
höherer privater Bildungsinvestitionen könnten daher versucht sein, über eine
Abschaffung der Kirchensteuer nachzudenken. Während es in den großen Kirchen durchaus Stimmen gibt, die (aus ganz anderen Gründen, nämlich solchen
der Abgrenzung vom Staat und der bei freiwilliger und direkter Kirchenfinanzie-
rung innigeren Bindung von Gemeindemitgliedern) einem solchen Schritt gar
nicht so abgeneigt wären (vgl. beispielsweise Ratzinger 1996: 165), wäre es
allerdings für die Politik nicht ganz einfach abzuschätzen, welche Folgekosten
daraus erwüchsen. Insbesondere ist unklar, wie hoch die Einnahmeausfälle der
Kirchen tatsächlich wären und in welchem Maße ehrenamtliches Engagement
derzeit aus Kirchensteuermitteln finanzierte Tätigkeiten kompensieren könnte.

Und würden die bisherigen Kirchensteuerzahler die zusätzlich verfügbaren Beträge tatsächlich zu einem nennenswerten Teil für Bildung ausgeben? Womöglich bedürfte es dazu begleitender Maßnahmen wie der im folgenden Absatz diskutierten. Anzumerken bleibt des Weiteren, dass der Effekt im weitgehend entchristianisierten Osten des Landes mangels derzeitiger Kirchensteuer-Masse geringer ausfallen würde.

Gebührenerhebung ausweiten?

Die privaten Haushalte, welche in Deutschland bisher vergleichsweise wenig zur Bildungsfinanzierung beisteuern, könnten dazu nicht nur mit budgeterweiternden Maßnahmen wie der eben genannten, mit Veränderungen der Anreizstrukturen und moralischen Appellen gebracht werden, sondern schlicht auch durch die Erhebung von Gebühren für derzeit noch kostenlose Bildungsdienstleistungen oder die Anhebung bestehender Gebühren. Gerade manch früher Verfechter von Studiengebühren wie der vormalige baden-württembergische Wissenschaftsminister Klaus von Trotha (in einem für Wolf 2006a geführten Interview) hält nichts von der Deckelung der Gebühren bei 500€ pro Semester und der Gleichbehandlung von Studierenden aller Fächer. Sowohl was die tatsächlichen Kosten eines Studienplatzes anbelangt als auch im Hinblick auf die späteren Verdienstmöglichkeiten ist sicherlich etwa bei Zahnmedizinern oder Pharmazeuten noch mehr Luft nach oben als bei Soziologen oder Ethnologen, von den perversen Umverteilungseffekten der gegenwärtigen Gebührenverwendung an vielen Universitäten (vgl. Wolf/Mahner 2008: 12f.) zu Lasten der Studierenden von schlecht ausgestatteten Massenfächern einmal ganz abgesehen. Nur konsequent wären bei (zumindest partiell am am Markt erzielbaren Preis orientierter) Differenzierung nach Fächern auch Preisunterschiede zwischen Universitäten, aus der wiederum eine weitere Diversifizierung zwischen Hochschulen mit unterschiedlicher Ausbildungsqualität folgen dürfte (vgl. Michael 2005: 25).

Trotz zahlreicher Neugründungen von Privatschulen, darunter inzwischen auch in Deutschland ersten profitorientierten, sind Gebühren im Schulbereich sowohl vom Aufkommen her als auch in der öffentlichen und akademischen Diskussion nur ein Randthema. Es gibt aber durchaus Stimmen, die vom Standpunkt der Verteilungsgerechtigkeit her allgemeine Gebühren nur für die Sekundarstufe I ablehnen (vgl. Ehmann 2001: 150), allerdings nur bei einer gleichzeitigen äußerst großzügigen BAföG-Reform, die auch Schüler der Sekundarstufe II vor Bildungskarrieren bremsenden Effekten unzureichenden elterlichen Einkommens schützen soll (ibid.: 157).[94]

Im Interesse einer optimalen Ausschöpfung der Bildungsreserven sollten alle Gebührenregelungen im Bildungsbereich so barrierearm gestaltet sein, dass sie nicht zu schicht- oder einkommensspezifischen Abschreckungseffekten führen[95] – und die derzeitigen Studiengebührenmodalitäten entsprechen diesem Kriterium definitv nicht, allein schon wegen der nach Bundesländern erheblich voneinander abweichenden Kappungsgrenzen bzw. der Reglungen zum Verhältnis von BAföG- und Studiengebührenkrediten (vgl. dazu Wolf/Mahner 2008: 7-11). Selbst wenn die privaten Beiträge nahezu völlig barrierefrei extrahiert würden, etwa durch nachlaufende, einkommensabhängige Varianten, würde dies jedoch nicht bedeuten, dass sie umgehend ohne Abschreckungswirkung wären bzw. sofort angenommen würden:

> „Bei der Einführung ‚harter' monetärer (extrinsischer) Anreizstrukturen im Bildungsbereich ist daher zu berücksichtigen, dass diese nicht immer zu den theoretisch zu erwartenden Ergebnissen führen. Abweichungen beruhen auf den internalisierten

---

[94] Bislang wird die Gerechtigkeitsdebatte zum deutschen Schulwesen nahezu ausschließlich im Hinblick auf die strukturellen Eigenschaften der Schulsysteme geführt (vgl. Wolf 2008a). Eine etwas befremdliche Rolle spielt darin die OECD in Gestalt ihres PISA-Koordinators Andreas Schleicher, der stets darum bemüht ist, die empirischen Fakten selektiv dahingehend zu interpretieren, dass Gesamtschulen grundsätzlich vorzuziehen sind. (Im Bundesländervergleich schneiden Länder mit Gesamtschulen im Gegensatz zum internationalen Vergleich aber schlechter ab als solche ohne; es kommt also schon darauf an, was man innerhalb der Schulgebäude veranstaltet, und nicht nur ob es für die Sekundarstufe nun eines oder zwei, drei, vier oder wie in manchen Bundesländern sogar fünf verschiedene gibt.) Im ersten Bericht der OECD über die PISA-Ergebnisse gibt es in dieser Hinsicht auffallende Unterschiede zwischen der deutschen und der englischen Fassung: In der englischen heißt es: „On the one hand, there is the message that social segregation brings benefits for the advantaged that will enhance the performance of the elite and, perhaps as a consequence, overall average performance. On the other hand, there is also the message that segregation of schools is likely to decrease equality" (OECD 2001b: 201). In der deutschen Fassung wird daraus: „Einerseits hat sich gezeigt, dass soziale Segregation für die Privilegierteren Vorteile bringt, dank denen die Leistung einer Elite und damit u.U. auch die durchschnittliche Leistung angehoben werden kann. Andererseits geht aus diesem Bericht hervor, dass die Bildungsungleichheit durch die schulische Segregation wahrscheinlich noch zunimmt" (OECD 2001c: 240). Das „u.U." in der deutschen Fassung und das „perhaps as a consequence" in der englischen haben völlig unterschiedliche Bedeutungen, nämlich im ersten Fall ‚möglicherweise', im zweiten Fall ‚möglicherweise als Folge'. In der englischen Fassung wird also nicht die Korrelation zwischen Segregation und höherer durchschnittlicher Leistung relativiert, sondern lediglich die Kausalität dahinter in Frage gestellt, in der deutschen dagegen schon Erstere. Wohlgemerkt: Es gibt gute und überzeugende Argumente gegen mehrgliedrige Schulsysteme, und dieser Exkurs richtet sich nicht gegen diese, sondern allein gegen bestimmte Arten von Öffentlichkeitsarbeit.

[95] Dazu bedarf es schon allein deshalb staatlichen Engagements, weil Humankapital, so Glennerster (1991: 203), außerhalb einer Sklavenhaltergesellschaft vom Kapitalmarkt noch nie effizient behandelt werden konnte.

Normen, die in einer Gesellschaft wirksam sind. Dies erschwert auch eine Übernahme erfolgreicher Modelle aus dem Ausland." (Nagel/Jaich 2004: 25)

Man bedenke nur die kulturelle Differenz zu Asien, wo Mittelklassehaushalte Heidenheimer (1993: 211) zufolge oft klaglos an der Armutsgrenze konsumieren, um das Studium ihrer Kinder zu finanzieren, oder auch die Situation in Großbritannien, wo es für junge Menschen geradezu selbstverständlich ist, das Studium mit einen nicht geringen fünfstelligen Schuldenberg zu beenden, die Partizipation von Arbeiterkindern aber dennoch höher ist als in Deutschland. Noch ist das in Deutschland nicht vorstellbar – und insbesondere Ersteres sicher auch nicht wünschenswert. Während das deutsche Hochschulsystem schon vor der Gebühreneinführung notorisch schichtselektiv war, kann bei seinen künftigen Reformen auch vom US-amerikanischen Fall und seiner jüngeren Entwicklung (Kostenexplosion und Förderinstrumente v.a. für die Mittelschicht) als Negativbeispiel hinsichtlich der Schlechterstellung Unterprivilegierter Einiges gelernt werden (vgl. Heller/Rogers 2006). Dies umso mehr, als in Deutschland bislang die Subventionierung der Lebenshaltungskosten von Studierenden für alle Studierenden nahezu gleich hoch ist – die hauptsächlich via BAföG erfolgende staatliche Unterstützung für Studierende aus einkommensschwächeren Haushalten ist bloß deutlicher sichtbar als die v.a. steuerlichen und krankenversicherungsbezogenen Vorteile, die sich für ihre Kommilitonen aus besser verdienenden Elternhäusern ergeben (vgl. Schwarzenberger/Gwość 2008: 76ff.). Hier lässt sich die Frage anschließen, ob die letzteren, indirekten Förderinstrumente tatsächlich notwendig sind (ibid.: 80), und ob die entsprechenden Mittel nicht besser zu Bildungsausgaben ersten Grades, also Ausgaben für Bildungsinstitutionen und -dienstleistungen, umgewidmet werden könnten.

Aus der Literatur zum Verhältnis von öffentlichen und privaten Ausgaben für die Sozialvorsorge erwächst ebenfalls die Mahnung, dass (gerade auch öffentlich geförderte) private Leistungen zwar in vielerlei Hinsicht als Komplemente bzw. funktionale Äquivalente öffentlich finanzierter dienen können, tendenziell aber zumindest in ihrer bisherigen Ausgestaltung in den OECD-Demokratien negative gleichheitsmindernde Verteilungswirkungen zeitigen (vgl. Caminda/Goudsward 2005: 175 u. Castles/Obinger 2007: 218).[96]

---

[96] Eine weitere Folge von Gebührenfinanzierung, die hier am Rande angesprochen sei, besteht in schwindender Akzeptanz des Nichtbestehens von Prüfungsleistungen, was Lehrenden an privaten Hochschulen schon länger (von Studierenden wie Hochschulleitungen) kommuniziert wird, nun aber auch an gebührenerhebenden staatlichen Hochschulen spürbar wird.

Tertiäre Bildungsbeteiligung erhöhen?

Eine – von der OECD oft allzu pauschal und unter Vernachlässigung des vergleichsweise leistungsfähigen deutschen Berufsbildungssystems geforderte, generell aber wohl dennoch wünschenswerte – Erhöhung des Anteils der Studierenden würde die öffentlichen wie auch die privaten Bildungsausgaben nach oben treiben. (Letztere natürlich umso mehr in Kombination mit Gebührenausweitungen und -erhöhungen.) Sicherlich kann ein Ansturm auf die Hochschulen auch durch politische Weichenstellungen angeregt werden. Vor allem aber ist dies ein Wirkfaktor, der durch die Abstimmung der Schulabgänger mit den in die Hörsäle, Seminarräume, Computerpools und Labore schreitenden oder zuweilen auch schlurfenden Füßen angetrieben wird. Motiviert werden könnten diese dazu, von den Arbeitsmarktaussichten abgesehen, vor allem auch durch die soeben diskutierten möglichst barrierefreien Finanzierungsinstrumente, aber auch durch die im folgenden Abschnitt besprochenen Maßnahmen.

Mehr und länger Lernen kann im Übrigen viel Freude machen, ist aber meist auch mit Anstrengung, Disziplin und Genussaufschub verbunden. Die Diskussionen über die Belastungen von Schülern am auf acht Schuljahre komprimierten Gymnasium, z.B. in Hessen, wo sie (laut der Wahlanalyse der Forschungsgruppe Wahlen) entscheidend zum Stimmenverlust der Union bei der Landtagswahl im Januar 2008 beigetragen haben, aber auch in Bayern und Baden-Württemberg, haben deutlich gemacht, dass es hier auch Grenzen des Mehrheitsfähigen gibt. Nichtsdestoweniger dürften Appelle an die Schulabgänger, sich den Mühen des Studiums gerade auch der weniger nachgefragten, aber womöglich umso zukunftsträchtigeren Natur- und Ingenieurswissenschaften zu unterziehen, weder unangemessen noch völlig wirkungslos sein. Margret Wintermantel, die Präsidentin der Hochschulrektorenkonferenz, hat jüngst des Weiteren darauf hingewiesen, dass die Wirtschaft dem Fachkräftemangel in weitaus größerem Umfang durch Stipendien entgegen wirken könnte, als sie dies bislang tut (FAZ vom 03.05.2008).

Bildungssparen statt Riestern?

Verpflichtende private Ausgaben für die soziale Sicherung gehen mit geringeren privaten Bildungsausgaben einher. Politisch Verantwortlichen (und denjenigen, die sie in Ihren Entscheidungen zu beeinflussen suchen) stellt sich vor diesem Hintergrund die schwierige Frage, welche Arten von privaten Zukunftsinvestitionen in welchem Umfang gefördert oder gar zur Pflicht werden sollen. Sicherlich spricht angesichts der Belastungen, die mit den demographischen Veränderungen auf die umlagefinanzierte Rentenversicherung zukommen, Vieles für umfangreicheres und flächendeckendes Riestern. Man sollte aber auch bedenken, dass sowohl die Leistungsfähigkeit der Rentenversicherung als auch die Rentabilität der in der privaten Altersvorsorge angelegten Gelder letztendlich von der Produktivität der kommenden Generationen abhängen. Und diese wiederum wird zu einem nicht unerheblichen Teil von den heutigen Bildungsinvestitionen bestimmt. Letztere sollten daher zumindest gleichermaßen gefördert werden. Nagel/Jaich (2004: 28) etwa schlagen vor, „[d]ie bestehende Förderung der Vermögensbildung [...] dahingehend [zu] modifizier[en], dass alternativ zum Bausparen Bildungssparen steuerlich begünstigt werden kann." Insbesondere wenn Gebühren für weitere Bildungsdienstleistungen eingeführt oder bestehende Gebühren erhöht würden, sollten solche Fördermaßnahmen bedacht werden.

Um aus dem Nullsummenspiel der Verschiebung von Mitteln innerhalb der privaten Budgets zwischen den zwecken Bildung und Altersvorsorge auszubrechen, böte es sich des Weiteren an, auch einmal die sonstige Verwendung privater Mittel politisch zu thematisieren. Konsumentensouveränität gut und schön, und die Ausgabeentscheidungen kann die Politik den privaten Akteuren nicht abnehmen. Aber ob es für unsere gemeinsame Zukunft nicht besser wäre, beispielsweise den Fetischen Auto (allein für die Beschaffung von PKWs geben die Deutschen über 65 Mrd. € oder rund 4,5% des verfügbaren Haushaltseinkommens aus; Pressemitteilung des Statistischen Bundesamtes Nr. 156 vom 12.04.2007), Urlaub (63,5 Mrd. € laut SZ vom 18.01.2008, oder rund 4,3%), Unterhaltungselektronik (14 Mrd. € laut FAZ vom 8.01.2007, oder ca. 1%) oder Pornographie (laut Emma 5/2007 ca. 800 Mio. €, oder 0,05%, alleine für entsprechende DVDs) geringere Beträge zum Opfer darzubringen und der Bildung (derzeit ca. 0,15%) höhere? Da es für Politiker zugegebenermaßen eine selbstzerstörerische Strategie sein könnte, so etwas im Wahlkampf oder auch im politischen Normalbetrieb offen zu sagen, sollten es zumindest die dem Bildungswesen zugeneigten Interessengruppen, die Medien und die in anderen Bereichen deutlich vokaleren Intellektuellen der Republik tun.

Dezentralisierung der schulpolitischen Verantwortung?

Wo dezentral über die Verteilung öffentlicher Mittel entschieden wird, schneiden die Bildungseinrichtungen hinsichtlich ihrer Ressourcenausstattung zwar nicht besser oder schlechter ab als anderswo, aber interessanterweise fallen die privaten Bildungsausgaben höher aus. – Könnte es sein, dass lokale Verantwortung zu einer stärkeren Identifikation mit den Schulen führt, die sich dann in einer größeren privaten Beitragsbereitschaft niederschlägt? Sofern man auf eine Erhöhung der privaten Bildungsausgaben aus ist, wären zumindest Versuche in dieser Richtung wohl durchaus lohnenswert. Aber Obacht: Auch hier müsste darauf geachtet werden, dass „herkunftsbedingte Bildungsdisparitäten" (Konsortium Bildungsberichterstattung 2006: 26), wie sie in Deutschland schon derzeit „nahezu in allen Bildungsbereichen und in allen Phasen des Lebenslaufs" (ibid.) vorherrschen, nicht noch durch zwar freiwillige, aber in der Praxis eventuell zumindest für Bildungsdienstleistungen einer gewissen Qualität quasi-obligatorische Beiträge verstärkt werden.

Der Trend zu größerer Schulautonomie[97] kann als ein Teilaspekt von schulpolitischer Dezentralisierung angesehen werden, oder genauer: Die Vergrößerung des Entscheidungsspielraums von Schulen überlappt teilweise mit dieser. Verbunden damit sind wiederum Fragen der Demokratie (Wer soll in einer demokratischen Gesellschaft über Lerninhalte und die organisatorischen Bedingungen ihrer Vermittlung auf welcher Ebene entscheiden?) und Gerechtigkeit: Der ‚Aktionsrat Bildung', eine Gruppe von durch die bayerische Wirtschaft beauftragten prominenten Professoren, der u.a. der deutsche PISA-Koordinator, Manfred Prenzel, und der Leiter des von Bertelsmann-Stiftung und Hochschulrektorenkonferenz getragenen Centrums für Hochschulentwicklung (CHE), Detlef Müller-Böling, angehören, sieht in einer radikalen Autonomisierung und Privatisierung des Schulwesens (unter Beibehaltung seiner öffentlichen Finanzierung) nicht nur den Schlüssel zu besseren Leistungen, sondern auch einen Weg zu mehr Bildungsgerechtigkeit (Aktionsrat Bildung 2007: 145 u. 152f.). Kritiker können dagegen allerdings anführen, dass Bildung als meritorisches Gut eines gewissen Maßes an paternalistischen Vorgaben samt zentralisierter Versorgungsgarantien bedarf. Die Übertragung der Wettbewerbslogik auf den Schulbereich hat – ihre insgesamt leistungssteigernde Wirkung einmal mit angenommen – auch von ihren Verfechtern selten explizit angesprochene Kosten:

> „The fundamental problem with education markets is that they are designed so that some schools will fail. In allowing some schools to fail, policy makers are also allowing the students in these schools to fail. While the threat of failure may spur some schools to greater heights, if the possible cost of this policy is sacrificing the education of the students in the failing schools, then, in our view, the policy is morally unacceptable." (Lauder et al. 1999: 134)

Die von Nullmeier (2000: 226) in der Hochschulpolitik nach der „bildungstheoretisch recht abstinenten Phase der Konstitution von Wettbewerb und Märkten" erwartete „neue Bildungsdebatte", in der es um die Identifikation der förderungswürdigen Bildungsgüter gehen werde, dürfte auch für den Schulbereich

---

[97] Zu den rechtlichen Regelungen in zehn Bundesländern siehe Müller 2006: 128ff.

bevorstehen, und sie dürfte sowohl die geeigneten Mechanismen demokratischer Mitwirkung, Kontrolle und Verantwortung sowie die angemessene Ebene, auf der diese zu verorten sind, betreffen, als auch die Arbeitsteilung zwischen öffentlicher Hand einerseits und privater Wirtschaft und privaten Haushalten andererseits bei der Finanzierung der Bildungseinrichtungen.

Das Hochschulwesen aus der Länderverantwortung lösen?

Föderale Systeme heben sich im internationalen Vergleich der Bildungsfinanzierung (nur) dadurch hervor, dass dort die privaten Ausgaben für den primären, sekundären und den post-sekundären nicht-tertiären Bereich (also für die schulische und berufliche Bildung) höher ausfallen. Mit anderen Worten: Auf die Hochschulausgaben hat der Föderalismus keinen positiven Einfluss. In Anbetracht der oben diskutierten Gesamtsituation der Länderfinanzen könnte es daher auch eine Handlungsoption sein, das Hochschulwesen aus der Verantwortung der Länder in diejenige des Bundes zu überführen. Einerseits gingen dadurch positive Effekte des hochschulpolitischen Standortwettbewerbs verloren, und besonders dessen bisherige Gewinner im Süden der Republik dürften sich dagegen sträuben. Andererseits fiele es dem Bund nicht nur, den entsprechenden Willen immer vorausgesetzt, vermutlich leichter, zeitnah zusätzliche Ressourcen zu mobilisieren, sondern er könnte auch die Hochschulen in den weniger wettbewerbsfähigen Regionen besser fördern als die finanzschwachen Länder dies bislang tun. Vereinfacht ausgedrückt – denn Wettbewerbselemente könnte natürlich auch ein mächtiges Bundeswissenschaftsministerium verwenden – steht hier eine Gießkannen- gegen eine Leuchtturm-Philosophie. Insofern man an höheren und gleichmäßiger verteilten Hochschulausgaben sowie an (daraus hoffentlich folgenden) Wachstumseffekten interessiert ist, die nicht nur die ohnehin schon leistungsfähigsten Gegenden weiter voran bringen, könnte es also verlockend sein, das Sakrileg zu begehen, die heilige Kuh der Landeszuständigkeit für die Universitäten und Fachhochschulen zu schlachten. Eine Alternative mit niedrigerer Realisierbarkeitsschwelle wäre es, dem Bund immerhin wieder zu erlauben, das gesamte Hochschulwesen (und hier gerade auch die Lehre, etwa im Rahmen einer Exzellenzinitiative II, welche den Namen vom Umfang der Mittel her auch verdient, oder auch durch ein Programm, das im Richard Münch'schen Sinne[98] einen Kontrapunkt zur Spitzenleistungs- und Wettbewerbsbetonung[99] setzt, in-

---

[98] Zu seinen Argumenten en gros und en detail siehe Münch 2007.
[99] Wenn aber mehr Wettbewerb und mehr „unternehmerische Freiheit der Hochschulen" (Nullmeier 2000: 221), dann sollte man zumindest die Mittel, um die in expliziten Wettbewerben und implizit

dem es die durchschnittlichen und schwächeren Hochschulen besser ausstattet – sie sind es ja immerhin, die die Mehrzahl der Studierenden ausbilden) durch Finanzierungszuschüsse zu fördern.

Stiften erleichtern?

Auch wenn in Deutschland in den jüngstvergangenen Jahren mehr gestiftet wird als früher (dem Bundesverband Deutscher Stiftungen zufolge wurden im Jahr 2007 erstmals über 1000 Stiftungen bürgerlichen Rechts gegründet, und mehr als die Hälfte der bestehenden Stiftungen ist jünger als zehn Jahre), so ist Stiften immer noch deutlich weniger verbreitet als in anderen, vor allem den angelsächsischen Staaten und insbesondere den USA, und das Bildungswesen bekommt ein kleineres Stück dieses ohnehin kleineren Kuchens ab. Stärker angezapft werden könnte diese Finanzierungsquelle durch Zweierlei: Zum einen wird angeregt, das Stiftungsrecht noch attraktiver und die steuerliche Behandlung von Stiftungen für Bildung und Wissenschaft noch einladender zu gestalten (vgl. Schmidt 2007c: 477). Zum anderen bedürfte es wohl der Veränderung eingeschliffener soziokultureller Praktiken – der deutsche Vorstandsvorsitzende möchte zwar verdienen und besteuert werden wie sein US-amerikanischer Kollege, stiftet aber bei Weitem noch nicht so großzügig, und für den deutschen Erben großer Vermögen gilt Ähnliches. Allerdings gibt es auch mahnende Stimmen, die das Potenzial zur Ersetzung oder Ergänzung von Staatsaufgaben durch Stiftungsaktivitäten für überschätzt halten (vgl. Adloff 2004). Darüber hinaus verdienen Stiftungen und ihre Aktivitäten durchaus auch kritische Aufmerksamkeit – die Warnung von Polanyi (1957: 165), es werde von Liberalen allzu oft angenommen, dass ökonomisch Mächtige wohlmeinender sind als politische mag auch hier bedacht werden (vgl. auch Schöller 2004 u. Barth/Schöller 2005).

Die Drittmitteleinnahmen der Hochschulen von Seiten der Stiftungen sind seit 2002 um über 25% auf jetzt über 275 Millionen Euro gewachsen.[100] Die Zahl der Stiftungsprofessuren an deutschen Hochschulen ist in den vergangenen Jahren ebenfalls rasch angestiegen und hat inzwischen die Zahl von 450 Lehrstühlen erreicht (gegenüber 300 im Jahr 2000)[101], und bei über 80 Stiftungen ist die Fi-

---

wettbewerblichen Verteilungsmodellen konkurriert wird, nicht mehr deckeln, sondern jede absolute anstatt nur jeder relativen Verbesserung belohnen.

[100] Statistisches Bundesamt (diverse Jahrgänge): Fachserie 11, Reihe 4.5. Bildung und Kultur. Finanzen der Hochschulen, Wiesbaden: SBA.

[101] Angabe des Deutschen Stifterverbandes laut Sueddeutsche Zeitung vom 02.05.2007 bzw. der Hochschulrektorenkonferenz laut http://www.stiftungen.org/files/original/galerie_vom_10.10.2005_12.40.23/Fact_Sheet_Wissenschaft.pdf (letzter Zugriff am 07.08.2007).

nanzierung von Stiftungslehrstühlen in der Satzung als Zweck festgeschrieben.[102] Diese zusätzlichen privaten Mittel erweitern zunächst ohne Zweifel den Möglichkeitsraum des Hochschulmanagements. Schließlich können mit ihnen Vorhaben in Forschung und Lehre realisiert werden, die sonst angesichts der (bemessen an den Ausgaben je Studierenden) stagnierenden öffentlichen Hochschulfinanzierung[103] undenkbar wären – zumindest solange die Länder den öffentlichen Geldhahn nicht entsprechend zudrehen. Es kann sich aber im Gegenzug immer weniger alleine auf die öffentlichen Nachfrager hochschulischer Leistungen und damit auf die politisch definierten Aufgaben konzentrieren.

Stiftungen steuern mit der Auswahl derjenigen Projekte, die sie für fördernswert erachten, ganz erheblich die de facto vorherrschende Ausrichtung der Forschungsaktivitäten einzelner Lehrstühle, zuweilen aber auch ganzer Fachbereiche, wodurch es im Extremfall zu einer weitgehenden Außensteuerung der inhaltlichen Schwerpunkte von Forscherkarrieren kommen kann. Was die konkreten Interessen der Stiftungen angeht, so darf eine gewisse Tendenz in Richtung auf „marketplace values" (Whitty 2002: 97) angenommen werden.[104] Und während Kooperationspläne zwischen Universitäten und Gewerkschaften in den 1970er Jahren wegen befürchteter Kompromittierungen der akademischen Unabhängigkeit hochumstritten waren, stört sich heute offenbar kaum jemand daran, dass der bayerische und der baden-württembergische Verband der Metall- und Elektroindustrie gemeinsam mit dem Bundesarbeitgeberverband Chemie über eine Stiftung das Zentrum für Arbeitsbeziehungen und Arbeitsrecht an der Ludwig-Maximilians-Universität München finanzieren (FAZ vom 28.04.2007).

Nur ästhetische Aspekte oder solche des Stils mag man dadurch berührt sehen, dass eine mit Spenden aus der Industrie finanzierte Renovierung eines Hörsaals mit 60 Sitzplätzen an der Universität Mannheim es mit sich bringt, dass dieser nun ,Saal der starken Marken' heißen muss und neben seinem Eingang

---

[102] Vgl. http://www.stiftungen.org/index.php?strg=61_78&baseID=78&dataID=49&year=2005 &ctrl=from Search&search=hochschulen& (31.07.2007). Auch spektakuläre Einzelzuwendungen nehmen in der jüngeren Vergangenheit zu: Beispiele sind etwa die jeweils rund 30 Millionen Euro, die ein Logistikunternehmen der TU Hamburg und eine Bankiersfamilie der Uni Frankfurt überschrieben haben, oder auch die (vorläufige) Rettung der International University Bremen für 200 Millionen Euro durch ihren neuen Namensgeber Jacobs.

[103] „Die große Bedeutung der Hochschulausbildung findet angesichts der schwierigen Lage, in der sich die Länderhaushalte zur Zeit befinden, keine Entsprechung im Niveau der staatlichen Hochschulfinanzierung. Die Ausgaben für die Ausbildung eines Studierenden sind in Deutschland in den vergangenen zwei Jahrzehnten gesunken." (Leszczensky 2004: 25).

[104] Nicht umsonst wurde der Gründer der Bertelsmann-Stiftung, Reinhard Mohn, unlängst mit dem Deutschen Gründerpreis (in der Kategorie Lebenswerk) ausgezeichnet und von den Juroren für – Zitat – „den konsequenten und fruchtbaren Transfer erfolgreicher Wirtschaftsprinzipien auf das Gemeinwesen" gelobt (http://www.deutscher-gruenderpreis.de/owx_1_2749_1_5_0_0000000 0000000.html (07.08.2007).

und an seiner Seitenwand nun zwei verschiedene Großplaketten mit nahezu fünfzig Spendernamen und Firmenlogos prangen, darunter zum Beispiel Daimler, Siemens, SAP und die BASF, die im Schnitt immerhin einen niedrigen vierstelligen Betrag oder circa 1,3 Plätze in besagtem Hörsaal bezahlen mussten, um so gewürdigt zu werden.[105] Womöglich stünde der Hochschulpolitik und den Hochschulleitungen ein wenig mehr Gelassenheit, kritische Distanz und Selbstbewusstsein im Umgang mit Stiftungen und Mäzenen gut an. Weder sind diese in Bausch und Bogen zu verdammen, noch sollte alles käuflich sein, noch sollte man das unbedenklich Vermarktbare allzu billig verkaufen.[106] (Von Interesse dürfte in diesem Zusammenhang die Diskussion verschiedener Varianten der Beziehungen zwischen Staat und Non-Profit-Sektor bei Anheier 2005: 291ff. sein.)

Den vorherrschenden Inkrementalismus durch das Schmieden einer breiten Interessenkoalition für eine neue Bildungsexpansion brechen?

In etablierten Demokratien mit hoch entwickelten Wirtschaftssystemen ist rascher Wandel der Politischen Ökonomie und der Staatstätigkeit selten. Größere Veränderungen ergeben sich viel eher durch die Kumulation vieler kleinschrittiger Maßnahmen über längere Zeiträume als durch heroische, spektakuläre Einzelinitiativen. Hinzu kommt, dass viele der bildungsausgabenrelevanten Stellschrauben „kurz- oder mittelfristig gar nicht zur Disposition der Politik" stehen (Schmidt 2007c: 476). Rasch deutlich höhere Bildungsausgaben in Deutschland zu erreichen wäre also ein außergewöhnlicher Vorgang, und er würde Unterstützerkoalitionen erfordern, die weit über den politischen Bereich hinausreichen. Aber ist es deswegen von Vornehenherein unmöglich? Sicherlich nicht, wenn auch eher unwahrscheinlich. Voraussetzung wäre großes taktisches und strategisches Geschick auf Seiten der an sprunghaft steigenden Bildungsinvestitionen Interessierten. William Riker hat dafür den Begriff der ,Heresthetik' geprägt. Diese beinhaltet, die Welt so zu strukturieren, das man gewinnen kann (Riker 1986: ix), und Riker hält sie für eine Kunst, keine Wissenschaft (ibid.). Dazu gehört auch die „redefinition of the political situation so that formerly unsympathetic competitors wish to stand with the erstwhile disadvantaged" (ibid.: 34), also eine

---

[105] Siehe die Presseerklärung der Universität Mannheim vom 17.07.2006 unter http://www.uni-mannheim.de/pressestelle/DW_Ionas/pressemitteilungen/2006/2006_3/2006_pm_28.html (letzter Zugriff am 08.05.2008); die Berechnung pro Platz beruht auf eigener Anschauung vor Ort.
[106] Die jüngste Idee innerhalb der baden-württembergischen Landesregierung und der sie tragenden Parlamentsmehrheit, Professorengehälter durch Sponsoren aus der Industrie aufzustocken, ist bisher überraschenderweise noch nicht mit dem Vorschlag verknüpft worden, Trikotwerbung an der Kleidung dieser Professoren anzubringen. Aber das kommt vermutlich noch.

Umdeutung der Situation, die es bisherigen Gegnern angeraten erscheinen lässt, die Seiten zu wechseln. Im Zusammenhang der Bildungsausgaben könnte dies etwa bedeuten, dem ihnen eher abträglichen demographischen Trend zu entgegnen, indem man die ältere und vor allem mittlere Generation davon überzeugt, dass es in ihrem ureigensten (aufgeklärten) Interesse liegen müsste, die relativ wenigen nachgeborenen Deutschen bestmöglich auszubilden, vulgo in jeden Rentenbeitragszahler von morgen optimal zu investieren. Hier liegt der Kern einer neuen Bildungsexpansion, der sich – Stichwort Ausschöpfung aller Bildungsreserven – auch mit den Forderungen nach mehr Bildungsgerechtigkeit verträgt. Hier schließt sich die Folgefrage an, wofür die zusätzlichen Bildungsausgaben verwendet werden sollten. Darüber können Experten aus anderen Disziplinen kompetenter urteilen. Es wäre aber wohl kein Fehler, mehr in „die frühzeitige Förderung von Kindern aus belasteten Lernumgebungen" (Fend 2008: 134) zu investieren, wie es Länder mit größeren Bildungserfolgen getan haben.[107]

Aber zurück zu Strategien zur Koalitionsbildung für mehr Bildungsinvestitionen: Des Weiteren könnte versucht werden, die Gewerkschaften und die Sozialdemokratie, welche hierzulande ja wie gesehen entgegen dem internationalen Trend als eher bildungsausgabenavers gelten müssen, in eine breite Interessenkoalition für ein besser ausgestattetes Bildungswesen einzubinden. Sie an Bord zu holen hätte indes vermutlich nur dann Aussichten, wenn Gerechtigkeitsfragen in puncto Zugang und Lastenverteilung in ihrem Sinne behandelt würden. Dies impliziert voraussichtlich eine tragende Rolle des Staates bzw. der öffentlichen Finanzierung, aber private Kostenbeteiligungen, die nicht wie heute in der Form einheitlicher, während der Ausbildung zu bezahlender Gebühren, sondern in der Form verdienstabhängiger, nachlaufender Abgaben zu entrichten sind, müssten Gewerkschafts- und SPD-Mitgliedern eigentlich vermittelbar sein.[108]

Obgleich seit dem PISA-Schock die mediale Aufmerksamkeit für Bildungsfragen wieder viel höher ist als zuvor (und gerade die Dauerdebatte über Wege zur Leistungssteigerungen Ermüdungserscheinungen hervorzurufen droht), könnten Bildungs-Lobbyisten auch in puncto Öffentlichkeitsarbeit noch dazu lernen:

„Jede Kürzung von Sozialleistungen (und auch schon jede Ankündigung einer Kürzung) ruft in den Medien regelmäßig einen Aufschrei der Empörung hervor – in den

---

[107] Noch zu wenig beachtet wird in Deutschland auch die Frage, wie man statt den derzeit neben den nicht genügend zu lobenden intrinsisch Motivierten und Engagierten überproportional vertretenen Labilen und Seltsamen (vgl. Rauin 2007) die Besten ihres Jahrgangs (wieder) stärker für Lehrtätigkeiten gewinnen kann.
[108] Religiös-kulturelle Prägungen hingegen sind wohl kaum gezielt veränderbar.

überregionalen Medien ebenso wie in den lokalen. Von diesem Mechanismus könnten die Bildungspolitik und alle im Bildungswesen Verantwortlichen lernen. Jeder Eingriff zulasten des Bildungswesens und jede unterlassene Besserstellung desselben verdient eine ähnlich intensive Skandalisierung wie Eingriffe in Sozialschutzbestände. Das verlangt aktivere und aggressivere Öffentlichkeitsarbeit als bisher." (Schmidt 2007d)[109]

Über Bande gespielt werden könnte des Weiteren durch Instrumentalisierung der EU oder internationaler Organisationen wie der OECD (vgl. hierzu und zu dabei mitunter allerdings auftretenden Steuerungsproblemen und nicht-intendierten Effekten wie einer Schwächung der Rolle des Staates für die Bildung Martens/K.D.Wolf 2006; zu Antworten auf die Frage, wie die OECD zu Zuständigkeiten für Bildungsfragen kam, außerdem Leibfried/Martens 2008). Schmidt (2007c: 477f.) regt an, nach dem Vorbild der ,Lissabon-Strategie', mit der sich die EU-Mitgliedstaaten unter anderem vorgenommen haben, die (bemerkenswerterweise: öffentlichen und privaten) Ausgaben für Forschung und Entwicklung deutlich zu erhöhen, auch für die Bildungsausgaben eine ambitionierte gemeinsame Zielgröße für die Hochschulausgaben festzulegen. An dieser müssten sich die einzelnen Regierungen dann mit den Jahren messen lassen, und auch wenn keine sanktionsbewehrten Kompetenzen auf europäischer Ebene dahinter stehen, könnte der zwischen den europäischen Politikern wirksame Gruppendruck in Kombination mit der öffentlichen Aufmerksamkeit für Ranglisten zu spürbaren positiven Effekten führen.

Das Gesicht, das eine neue Bildungsexpansion der deutschen Bildungsfinanzierung verleihen würde, hängt entscheidend von der Kombination der in diesem Kapitel diskutierten Strategie-Bausteine zusammen, die ihr zu Grunde läge. (Und mittelbar würde damit wohl auch der deutschen Bildungspolitik bzw. dem deutschen Bildungswesen insgesamt ein neuer Stempel aufgedrückt.) Im folgenden, abschließenden Kapitel werden, als Teil des Fazits zum gesamten Band, diese möglichen zukünftigen Gesichter anskizziert.

---

[109] Ein Kuriosum, oder vielleicht auch eher ein tragischer Aspekt, der öffentlichen Meinung in Deutschland ist übrigens, dass die Zufriedenheit mit dem Bildungssystem mit der Höhe des Schulabschlusses abnimmt. 45% der Bürger ohne Schulabschluss bewerten das Bildungssystem positiv, dagegen nur 30%, 29% bzw. 24% der Hauptschulabsolventen, Inhaber der mittleren Reife und der Abiturienten bzw. Fachhochschulreifebesitzer (Roller 2006: 25).

7 Fazit

Der Anteil der öffentlichen Bildungsausgaben am Wirtschaftsprodukt ist in Deutschland im internationalen Vergleich klar unterdurchschnittlich, derjenige der privaten einer der höheren, aber ebenfalls deutlich von der Weltspitze entfernt. In der Summe fallen die gesamten Bildungsfinanzen allenfalls mittelmäßig aus: Insbesondere in Relation zur Wirtschaftskraft ist uns die Bildung und Ausbildung nicht besonders viel wert, weniger jedenfalls als der Mehrzahl der wirtschaftlich entwickelten Demokratien. Das liegt auf der öffentlichen Seite vor allem an einer politisch-institutionellen Struktur, die steuerfinanzierte Landesaufgaben weitaus schlechter mit Ressourcen ausstattet als etwa beitragsfinanzierte Felder, die in Bundeskompetenz liegen, und an einer Konfiguration des Parteien- und Interessenwettbewerbs, die die Bildung ebenfalls stiefmütterlich behandelt. (Für eine ausführlichere Diskussion und zu weiteren Einflussgrößen siehe Kapitel 2.) Auf der privaten Seite sind es die Bildungsausgaben der Haushalte, nicht hingegen diejenigen der Firmen, die deutlich geringer ausfallen als anderswo. Die Hauptgründe dafür sind die weitgehende öffentliche Finanzierung privater Schulen sowie die relativ geringe tertiäre Bildungsbeteiligung in Kombination mit bislang weitgehender Gebührenfreiheit bzw. vergleichsweise geringer Höhe der jüngst in einigen Bundesländern eingeführten Studiengebühren (hierzu mehr in den Kapiteln 3 und 4).

Damit kann man sich begnügen. Man muss nicht in jeder Tabelle Erster sein wollen, und auch unter den gegenwärtigen Bedingungen lernen die meisten Deutschen Lesen, Schreiben, Rechnen und das eine oder andere über historische, gesellschaftliche und naturwissenschaftliche Zusammenhänge. Auch für ein bisschen Sport-, Musik- und Kunstunterricht reicht es, ebenso wie für etwas mehr als eine Viertelmillion Hochschulabschlüsse der diversesten Fächer und fast eine halbe Million berufliche Ausbildungsabschlüsse jährlich. Wünschenswerte Qualitätsverbesserungen müssen des Weiteren nicht zwingend immer auch mehr Geld kosten.

Letztlich ist es eine Frage der Ambitionen von Bürgern, Politik und Privatwirtschaft, ob umfangreichere Ressourcen in das Bildungswesen investiert werden sollen und tatsächlich investiert werden, oder eben nicht. Denjenigen, die solche Ambitionen hegen, stehen die im vorigen Kapitel diskutierten Strategieelemente zur Verfügung. Je nachdem, in welchem Maße man an welchen Stellschrauben dreht, verändert sich unter Umständen auch die Arbeitsteilung zwischen Staat und privatem Sektor, zwischen Belastungen der öffentlichen Hand und der privaten Geldbörsen. Es sind also auch Richtungsentscheidungen zu treffen: Soll die Balance zwischen öffentlicher und privater (Finanzierungs-) Verantwortung für das Bildungswesen bleiben, wie sie ist, oder soll eine Seite stärker herangezogen werden als bisher? Und soll dies für alle Bildungssektoren gleichermaßen gelten, oder sind unterschiedliche Weichenstellungen für Schulen und Hochschulen (oder auch innerhalb derselben) angezeigt?

Ein stärker privat finanzierter Weg bedarf sicherlich besonderer Aufmerksamkeit für Gerechtigkeitsfragen, während sich bei einem vornehmlichen öffentlich finanzierten Expansionspfad unter Umständen Probleme mit der Effizienz des Mitteleinsatzes ergeben könnten. (Was natürlich nicht ausschließt, dass es auch privat finanzierte Verschwendung und öffentlich finanzierte Ungerechtigkeiten geben kann.) Orientierung gewinnen und Lehren ziehen können die deutschen Akteure in dieser Hinsicht auch aus den „Mustern der Arbeitsteilung zwischen Staat und Markt" (Schmidt 2005a: 117) in anderen Ländern und den daraus folgenden spezifischen Stärken und Problemkonstellationen. Zu dieser Arbeitsteilung ist zunächst festzuhalten, dass sie hauptsächlich von werte- und ideologiebasierten Faktoren bestimmt wird (vgl. Wolf 2007c), und dass höhere private Finanzierungsanteile in der Regel mit einem geringeren Dekommodifizierungsgrad, also einer größeren Marktabhängigkeit der Ansprüche und Rechte von Individuen, einhergehen (vgl. hierzu auch Schmidt 2004a: 28).

In welcher Weise können nun aber andere Länder als Vorbilder und Orientierungsmarken für die zukünftige Bildungsfinanzierung in Deutschland betrachtet werden? Für einen Entwicklungspfad, der hauptsächlich auf zusätzliche private Bildungsinvestitionen setzt, könnte Kanada als Vorbild dienen. Ein diesem Ziel entsprechender Strategiemix würde eine Ausweitung der Gebührenpflicht mit Fördermaßnahmen zur Erhöhung freiwilliger privater Bildungsausgaben und Stiftungen zugunsten des Bildungswesens verbinden und eventuell auch gezielte Steuererleichterungen beinhalten. Ein entgegengesetztes Strategiepaket könnte sich an den skandinavischen Staaten orientieren und Vorfahrt für öffentliche Bildungsausgaben geben. Dazu wären Steuererhöhungen vermutlich ebenso notwendig wie eine Stärkung der hochschulpolitischen Bundeskompetenzen oder (alternativ) der Länderhaushalte. Nachteil dieser beiden Varianten: Sie sprechen jeweils ein bestimmtes politisches Lager an[110], und solange nicht eines von beiden hegemonial wird, was derzeit nicht abzusehen ist, sind sie deshalb kaum durchsetzbar. Warum aber nicht die Synthese versuchen und sich die beiden Staaten zum Vorbild nehmen, in denen öffentliche *und* private Bildungsausgaben höher ausfallen als in Deutschland? Das wären Neuseeland und die USA. Um ein

---

[110] Dasselbe gilt für die akademische Debatte, in der die (mehr oder weniger) bekannten Katheder-Neoliberalen und -Sozialdemokraten sich hinter den entsprechenden Agenden sammeln dürften.

ähnliches[111] Bildungsausgabenprofil wie diese Länder zu entwickeln, müsste man versuchen, auf die jeweilige (also öffentliche oder private) Komponente wirkende Strategieelemente so zu verknüpfen, dass ihre erwünschte positive Wirkung maximiert und ihre unerwünschten Folgen für den jeweils anderen Ausgabenblock minimiert würden. Des Weiteren würde es bedeuten, dass beide Lager, die Freunde größeren staatlichen Engagements ebenso wie die Anhänger größerer privater Verantwortung, einige Kröten schlucken müssten. Insofern bildungs(ausgaben)politische Strategien für verschiedene Arten bzw. Vorstellungen von Gleichheit und Gerechtigkeit stehen (vgl. etwa Heidenheimer 1981: 269 u. Seeleib-Kaiser 2000: 106), würde sich eine solche Zielsetzung nicht für Schwarz-Weiß-Malerei eignen. Andererseits ist eine Richtungsentscheidung vielleicht eben doch wichtiger als diejenige zwischen stärker öffentlicher oder stärker privater Finanzierung – diejenige für höhere Bildungsausgaben nämlich. Also: Warum nicht allgemeine Steuererhöhungen *und* Steuererleichterungen für Bildungsinvestitionen? Warum nicht höhere Studiengebühren *und* höhere, die Gebührenlast berücksichtigende BAföG-Leistungen? Warum nicht höhere Staatsquote *und* wohlfahrtsstaatsinterne Umverteilung zuungunsten anderer Politikfelder? Warum nicht höhere Studierendenzahlen *und* höhere Investitionen in die berufliche Bildung? Eingefahrenes Lagerdenken ließe sich damit nicht befriedigen, aber eine breite Allianz für eine neue Bildungsexpansion, hinter der sich Bürger mit ganz unterschiedlichen Interessen ebenso wie Politiker verschiedenster Couleur versammeln könnten, müsste vermutlich genau so oder zumindest so ähnlich aussehen.

Die Umsetzung einer solchen Strategienkombination bedürfte, auf staatlicher wie privater Seite, nach jahrzehntelanger Dominanz der Lippenbekenntnisse jedoch endlich entschlossener Aktivitäten – und eines langen Atems, wenn nicht bei der nächsten Steuerschätzung oder der nächsten größeren Schlagzeile zu einem anderen Politikbereich schon wieder das Ende der Bildungsausgaben-Fahnenstange erreicht sein soll.

---

[111] Die Ähnlichkeit müsste auf absehbare Zeit zwangsläufig hauptsächlich die Ausgabenseite betreffen, also in einer Kombination weit überdurchschnittlicher öffentlicher und privater Bildungsausgaben bestehen. Unter den gegebenen Rahmenbedingungen wäre eine Angleichung in Bezug auf die meisten erklärenden Variablen, also die Faktoren hinter diesen hohen Bildungsausgaben, in vielen Fällen dagegen weder möglich noch durchsetzungsfähig. Vielmehr müsste es um teils abgeschaute, teils aber auch eigene Wege zu einem ähnlichen Ziel gehen.

Anhang 1: Daten

Tabelle A-1-1 listet die zum Hypothesentest verwendeten Indikatoren und ihre Quellen auf. In den meisten Fällen ist die Auswahl offensichtlich, wo jedoch Kommentare nötig erschienen, sind sie kursiv gesetzt hinzugefügt. Beziehen sich die Werte auf Jahre vor 2004, ist dies ebenfalls an dieser Stelle vermerkt. Einige Indikatoren lagen nicht für alle Staaten vor, weshalb die betreffenden Hypothesen nur für die übrigen getestet werden konnten. Die Staaten mit Datenlücken sind jeweils in eckigen Klammern genannt.

Tabelle A-1-1: Indikatoren und ihre Quellen

Indikator	Quelle
Allgemeine Dezentralisierung (Regional Authority Index RAI) [nicht verfügbar für Südkorea]	Marks/Hooghe/Schakel 2007
Betrieblich, dual oder schulisch dominierte Berufsbildungssysteme	Selbstkonstruierte Dummy-Variablen (Ländern mit dem jeweiligen System wurde der Wert 1, den übrigen der Wert o zugeordnet) auf der Basis von Werner/Flüter-Hoffmann/Zedler 2003, Lauterbach 1995 und verschiedenen weiteren Quellen.
Bevölkerungsanteil der 5-24-Jährigen	UN: Demographic Yearbook 2004
Bevölkerungsanteil der 65-Jährigen und Älteren *Werte für das Jahr 2005*	OECD: Factbook 2007
Bildungsbeteiligung (insgesamt und nach Sektoren, als Anteil an der Gesamtbevölkerung) *Werte für die Schüler- und Studierendenzahlen beziehen sich auf das Schul- bzw. akademische Jahr 2003/04*	Eigene Berechnung auf der Basis von Daten aus UNESCO: EFA Statistical Monitoring Report 2007 und OECD: Factbook 2006
BIP pro Kopf (in US-$, laufenden Preisen und Kaufkraftparitäten/PPPs)	OECD: Factbook 2006

Föderalismus	Selbstkonstruierte Dummy-Variable (föderalen Staaten wurde der Wert 1, nichtföderalen der Wert 0 zugeordnet)
Gewerkschaftsdichte (Anteil der Gewerkschaftsmitglieder an allen Beschäftigten) *Werte für das Jahr 2000*	OECD: Employment Outlook 2004
Haushaltsdefizite bzw. -überschüsse	OECD: Factbook 2007
Kabinettssitzanteile von konservativen, linken, liberalen und christlichen Mitte-Parteien (als jährliche Werte sowie im Durchschnitt seit 1990)	Datensatz am Lehrstuhl von Professor Manfred G. Schmidt (zur Berechnungsmethode vgl. Schmidt 1996: 159)
Katholiken und Protestanten (als Prozent-Anteil an der Bevölkerung) *Werte für das Jahr 2000*	Fischer Weltalmanach sowie Schätzungen auf der Basis verschiedener Quellen[112]
Kirchensteuererhebung	Selbstkonstruierte Dummy-Variable (Länder, die eine Kirchensteuer oder ähnliche Abgabe erheben, wurde der Wert 1, den übrigen der Wert 0 zugeordnet) auf der Basis diverser Quellen
Korporatistische Integration [nicht verfügbar für Polen, die Slowakei, die Tschechische Republik und Ungarn] *Werte geben die Situation Mitte der 1990er Jahre wieder*	Siaroff 1999
Obligatorische private Sozialausgaben (als Anteil am BIP) *Werte für das Jahr 2003*	OECD: Social Expenditure Database
Öffentliche Bildungsausgaben pro Kopf der Bevölkerung (in US-$, laufenden Preisen und Kaufkraftparitäten/PPPs)	Eigene Berechnung auf der Basis der hier genannten OECD-Daten zu den Bildungsausgaben in Prozent des BIP und dem BIP pro Kopf
Öffentliche und private Bildungsausgaben, auch nach Sektoren des Bildungsbereichs, in Prozent des BIP	OECD: Education at a Glance 2007 (und frühere Ausgaben)
Öffentliche und private Gesundheitsausgaben (als Anteil am BIP)	OECD: Health at a Glance / OECD Health Data 2006

---

[112] Diese Indikatoren sind mit denjenigen, die Barrett/Kurian/Johnson 2001 angeben, mit r = 0,985 im Falle des Protestantismus und mit r = 0.996 im Falle des Katholizismus korreliert.

Öffentliche und private Sozialausgaben (als Anteil am BIP) [nicht verfügbar für Griechenland, Ungarn, Polen und die Schweiz] *Werte für das Jahr 2003*	OECD: Society at a Glance 2006; Factbook 2007
Regionale Steuerautonomie / Fiskalische Dezentralisierung (Regional tax power) [nicht verfügbar für Südkorea]	Marks/Hooghe/Schakel 2007
Schmidt'scher Vetospielerindex	Schmidt 2000: 352; Einstufung für die neuen OECD-Mitgliedstaaten auf der Basis von Schmidt 2000: Rita Nikolai
Staatsausgaben (als Anteil am BIP, minus öffentliche Bildungsausgabenquote) *Um Endogenitätsprobleme zu vermeiden, wurden die öffentlichen Bildungsausgaben von der Staatsquote abgezogen.*	OECD: Economic Outlook Database (zur Berechnung nötige Bildungsausgabenquote aus OECD: Education at a Glance 2007)
Staatsverschuldung (als Anteil am BIP)	OECD: Factbook 2007; Wert für die Schweiz: Internet-Portal des Schweizerischen Bundesamts für Statiatik
Steueraufkommen (inklusive Sozialversicherungsbeiträge, als Anteil am BIP)	OECD: Factbook 2006
Subventionen an private Haushalte für Bildungsausgaben (als Anteil am BIP)	OECD: Education at a Glance 2007
Verhältnis der inaktiven Älteren zur gesamten arbeitsfähigen Bevölkerung *Werte für das Jahr 2005*	OECD: Factbook 2007

Detaillierte Ausführungen zu den Bildungsausgaben-Daten der OECD finden sich in OECD 2007: 196 und auf der OECD-Internetseite unter www.oecd.org/edu/eag2007 in Annex 3. An dieser Stelle sollen jedoch die Abgrenzung der im vorliegenden Buch untersuchten Variablen (also der öffentlichen und privaten Bildungsausgaben für Bildungsinstitutionen) skizziert sowie einige statistische Fußangeln, die teils in eigens geführten Interviews von Experten der OECD und des Statistischen Bundesamtes identifiziert wurden, angesprochen werden. Dadurch soll dem interessierten Leser verdeutlicht werden, welche Arten von Ausgaben von den verwendeten Bildungsfinanzierungs-Indikatoren erfasst werden und welche datentechnischen Unschärfen bestehen.

Enthalten sind die von öffentlichen Stellen und privaten Firmen, Haushalten und Stiftungen getragenen Kosten für Unterricht, Bildungsgüter, praktische Ausbildung, Verwaltung, Beratung, Prüfungen, unterstützende Dienstleistungen und bildungsbezogene Forschung und Entwicklung, sofern sie an Bildungsinstitutionen anfallen (vgl. OECD 2004: 37). Außerhalb solcher Bildungseinrichtungen gekaufte Bildungsgüter und -dienstleistungen wie Bücher oder Nachhilfe werden dagegen nicht abgedeckt (vgl. u.a. OECD 2006: 212 u. OECD 2007: 196). Dasselbe gilt für die Lebenshaltungskosten von Studierenden (mit einer weiter unten näher beleuchteten Ausnahme), die im deutschen Kontext oft „Bildungsausgaben 2. Grades" (Lünnemann/Hetmeier 1996: 170) genannt werden. Für derlei Daten gibt es bislang leider keine umfassenden und verlässlichen Quellen, auch wenn einzelne Mitgliedstaaten damit begonnen haben, sie an die OECD zu melden, die diese allerdings noch nicht veröffentlicht.

Würden auch Einkünfte, die Bildungsteilnehmer erzielen könnten, wenn sie anstelle ihrer Bildungsanstrengungen einer Erwerbstätigkeit nachgingen, als Bildungsinvestitionen definiert, wäre das Ausmaß der nicht abgedeckten Bildungsausgaben im Übrigen noch einmal weitaus höher. (Vgl. hierzu Becker 1993: 118.)

Die statistischen Fußangeln innerhalb des so abgesteckten Rahmens betreffen vornehmlich die privaten Bildungsausgaben, da deren statistische Erfassung weitaus problematischer ist als die der öffentlichen. Fünf seien hier benannt: Erstens beinhalten die privaten Bildungsausgabendaten der OECD (zumindest für einige Mitgliedstaaten) Stipendien von öffentlichen und privaten Trägern, obwohl diese zu einem Gutteil für Lebenshaltungskosten ausgegeben werden, die ja gerade nicht Bestandteil der oben dargestellten Abgrenzung sind. Dadurch werden die privaten Bildungsausgaben von Ländern mit weit ausgebautem Stipendienwesen gegenüber denjenigen wie Deutschland, in denen die privaten Haushalte den Löwenanteil der Studienkosten bezahlen, systematisch überschätzt. Zweitens sehen sich einige Staaten nicht in der Lage, der OECD Daten zu den Ausgaben für die betriebliche berufliche Bildung in der gewünschten Qualität zu liefern. Da die Erfassung generell in Ländern mit dualen Berufsbildungssystemen verlässlicher ist, sind die privaten Bildungsausgaben in Ländern mit vorwiegend betrieblicher Berufsbildung tendenziell unterschätzt. Drittens werden Teile der privaten Bildungsausgaben von den nationalen statistischen Ämtern nur mit großen Zeitabständen von fünf, sieben oder gar zehn Jahren erhoben und in der Zwischenzeit fortgeschrieben, wobei es zu beträchtlichen Divergenzen zwischen den fortgeschriebenen und den neu erhobenen Werten kommen kann, und viertens liefern manche Mitgliedstaaten schlicht qualitativ fragwürdige Daten an die OECD, und nicht alle reagieren mit der von der OECD selbst und anderen Mitgliedstaaten erwünschten Sorgfalt auf Rückfragen. Fünftens schließlich sind in den Daten für die Jahre bis 2002, welche im vorliegenden Buch allerdings nur am Rande angesprochen wurden, die staatlichen Subventionen für private Bildungsausgaben zwar für alle Länder erfasst, sie wurden aber in einigen wenigen Ländern wegen unzureichender Abgrenzbarkeit den privaten und nicht den öffentlichen Ausgaben zugerechnet (vgl. u.a. OECD 2005a: 184). In den betroffenen Ländern werden dadurch die privaten Finanzierungsanteile über- und die öffentlichen unterschätzt.

Anhang 2: Methoden

Regressionsanalysen werden zuweilen despektierlich als ‚Inspektion von Kovarianz über die Fälle von einigen erklärenden Variablen und den zu erklärenden Ergebnissen' (Hall 2003: 389) bzw. die ‚Anpassung von Modellen an [den] Datensatz' (Sayer 1992: 184) beschrieben, die die Gefahr des „fooling ourselves into seeing patterns or relationships where none exist" (King 1990: 25) mit sich bringen. Während ein Bewusstsein für diese Gefahr unerlässlich ist, stellen sorgfältig durchgeführte und vorsichtig interpretierte Regressionsanalysen „helpful summaries of the data" (Freedman, zitiert aus Shalev 2007: 269) dar, welche unsere (stets vorläufigen und der theoretischen Fundierung sowie kontextsensitiven Plausibilisierung bedürftigen) Hypothesentests und Kausalschlüsse belastbarer machen sollten. Angesichts der Vielzahl aus theoretischer Sicht interessanter Erklärungs- und Kontrollvariablen und der relativen Begrenztheit der Untersuchungsfälle kann in der vergleichenden Staatstätigkeitsforschung kaum je ein einzelnes Modell alleine überzeugen. Deshalb wurden für diesen Band weitaus mehr Modelle getestet, als in Anhang 3 aus Platzgründen abgedruckt werden können. Manchem Leser werden Letztere trotz der beigefügten Erläuterungen dennoch schon zu zahlreich und unübersichtlich erscheinen. Zur Demonstration des Grades der absoluten und relativen Robustheit der einzelnen Effekte – verstanden als Homogenität der Koeffizienten über verschiedene Modellspezifikationen hinweg (vgl. für etwas engere Definitionen Sayrs 1989: 32 u. 62) – sind sie aber schlicht notwendig.[113]

Gepoolte Regressionsanalysen, also solche im kombinierten Quer- und Längsschnittvergleich, werden hier aufgrund von Inkonsistenzen in der Datenreihe der OECD zu den Bildungsausgaben, die sich aus verschiedenen Veränderungen der Datenerfassung ergeben (vgl. OECD 2006: 217 u. OECD 2004: Kapitel 7, Nummer 118) nicht präsentiert.

Da es sich bei der hier vorgestellten Untersuchung um eine Vollerhebung handelt, stellt sich zudem die Frage nach der Sinnhaftigkeit und Interpretation der (durchgeführten und in Anhang 3 ausgewiesenen) Signifikanztests. Die Mehrheitsmeinung hierzu geht dahin, dass Signifikanztests bei Vollerhebungen nur dann keine Artefakte liefern, wenn entweder auf eine hypothetische Grund-

---

[113] Für eine frühe Diskussion der mit der Vernachlässigung der Frage der Robustheit einhergehenden Gefahren siehe die Re-Analyse der Lange/Garrett-Studie zum Wirtschaftswachstum entwickelter Demokratien von 1974 bei Jackman 1987.

gesamtheit zurück geschlossen werden kann oder (zufällig verteilte) Datenausfälle oder Messfehler vorliegen bzw. angenommen werden müssen (vgl. Patzelt 1985: 225f., Behnke 2003 u. 2005 u. Broscheid/Gschwend 2003). Die Konstruktion einer hypothetischen Grundgesamtheit, als deren (repräsentative) Teilmenge man die hier verglichenen 26 wirtschaftlich entwickelten OECD-Demokratien betrachten könnte, stünde insofern auf tönernen Füßen, als dass sie entweder in die naturgemäß ungewisse Zukunft oder auf andere Staaten ausgreifen müsste. Eine stochastische Komponente der Messfehlerstruktur[114] hingegen ist – ohne von den an anderer Stelle (siege Anhang 1) dargestellten systematischen Verzerrungen abzusehen – nicht auszuschließen.

Signifikanztests können aber schlicht auch insofern für die Analyse von Vollerhebungen als bereichernd angesehen werden, als sie auf einem Abgleich der Parameterschätzwerte und der Schätzfehlervarianzen basieren (Broscheid/Gschwend 2003: 17) und somit ein Gütekriterium für die Passgenauigkeit der Schätzung (als Ganzes und bezüglich der partiellen Faktoren) auch bei Vollerhebungen abgeben: je höher das Signifikanzniveau, desto weniger bzw. schwächere Ausnahmen von der identifizierten Tendenz liegen vor. So verwendet (und nicht als Zutreffenswahrscheinlichkeit eines wie auch immer gearteten Rückschlusses) taugen die Signifikanztests allerdings nicht zur ihnen ansonsten meist zukommenden Funktion, die Schäfchen unter den Ergebnissen trennscharf von den Böcken zu scheiden. Schließlich sind die Werte, auf die sie sich in Vollerhebungen beziehen, von Messfehlern einmal abstrahiert, die Eigenschaften der Grundgesamtheit. Daher werden auch nicht-signifikante Ergebnisse, vor allem wenn sie in der Nähe der konventionellen Signifikanzschranken liegen, durchaus als relevante empirische Evidenz angesehen, die lediglich der zurückhaltenderen Interpretation bedarf.

Für ausführlichere Diskussionen methodischer und methodologischer Grundsatzfragen sei des Weiteren auf Wolf 2006a: Kapitel 4 sowie Wolf 2008b verwiesen.

---

[114] Für eine Systematisierung der möglichen Ursachen für die Stochastizität von Datenfehlern siehe Broscheid/Gschwend 2003: 7ff.).

Anhang 3: Ausgewählte Regressionsanalysen

Tabelle A-3-1: Regressionsmodelle zur öffentlichen Bildungsausgabenquote I

	(1)		(2)		(3)		(4)	
BIP pro Kopf	0,00004* (0,00002)	0,311	0,00004* (0,00002)	0,321	0,00004 (0,00002)	0,280	0,00002 (0,00002)	0,168
Kabinettssitzanteil liberaler Parteien[1]	0,028** (0,012)	0,422					0,025** (0,011)	0,367
Kabinettssitzanteil konserv. Parteien[1]			-0,013** (0,006)	-0,415				
Staatsquote (ohne Bildungsausgaben)					0,066*** (0,024)	0,484		
Gewerkschafts-dichte							0,022*** (0,008)	0,472
Konstante	3,617*** (0,660)		4,255*** (0,664)		1,448 (1,076)		3,448*** (0,578)	
R^2	0,27**		0,26**		0,32***		0,47***	
R^2_{korr}	0,20		0,20		0,27		0,40	
N	26		26		26		26	

Anmerkungen: Im oberen linken Feld steht jeweils der partielle Regressionskoeffizient, darunter der Standardfehler und rechts der standardisierte partielle Regressionskoeffizient. * steht für ein Signifikanzniveau von 90%, ** für 95% und *** für 99%.
[1] Durchschnitt seit 1990 bzw. Jahr der ersten demokratischen Wahlen

Tabelle A-3-2: Regressionsmodelle zur öffentlichen Bildungsausgabenquote und zu den öffentlichen Pro-Kopf-Bildungsausgaben

	(5)		(6) PKBA		(7) PKBA		(8) PKBA	
BIP pro Kopf	4,78e-06 (0,00002)	0,037	0,055*** (0,006)	0,784	0,050*** (0,006)	0,712	0,055*** (0,006)	0,792
Kabinettssitzanteil liberaler Parteien[1]	0,025** (0,009)	0,374	6,533** (2,980)	0,177	6,722** (2,680)	0,182	6,426** (2,778)	0,174
Protestantenanteil	0,017*** (0,004)	0,608			5,315*** (1,241)	0,348		
Gewerkschaftsdichte			7,089*** (2,153)	0,279			6,987*** (2,007)	0,275
Staatsverschuldung in % des BIP							-2,366** (1,136)	-0,156
Konstante	4,112*** (0,538)		-414,223** (164,152)		-203,378 (151,791)		-275,078 (166,921)	
R^2	0,56***		0,86***		0,88***		0,88***	
R^2_{korr}	0,50		0,84		0,87		0,86	
N	26		26		26		26	

Anmerkungen: Im oberen linken Feld steht jeweils der partielle Regressionskoeffizient, darunter der Standardfehler und rechts der standardisierte partielle Regressionskoeffizient. * steht für ein Signifikanzniveau von 90%, ** für 95% und *** für 99%.
[1] Durchschnitt seit 1990 bzw. Jahr der ersten demokratischen Wahlen
PKBA In diesen Modellen sind die Pro-Kopf-Bildungsausgaben die abhängige Variable.

Erläuterungen zu den Tabellen A-3-1 und A-3-2 (Modelle 1 bis 8; wirtschaftliche Leistungsfähigkeit):
Die Modelle 6 bis 8 im Vergleich mit den ersten fünf Modellen belegen, dass der Effekt des BIP pro Kopf auf die Pro-Kopf-Bildungsausgaben deutlich substanzieller ist als derjenige auf die Bildungsausgabenquote. (Besonders deutlich wird dies beim direkten Vergleich der ansonsten identisch spezifizierten Modelle 4 und 6 bzw. 5 und 7.) Der Effekt des BIP pro Kopf auf die Bildungsausgabenquote fällt vor allem dann schwächer aus, wenn die Staatsquote selbst (wie in Modell 3) oder andere Variablen, die mit dieser recht hoch korrelieren und/oder zudem einen eigenen zusätzlichen Erklärungsbeitrag zur Variation der Bildungsausgabenquote leisten (wie die Gewerkschaftsdichte in Modell 4 / der Protestantenanteil in Modell 5), mit in das Modell aufgenommen werden. (Siehe zur Unterfütterung dieser Ergebnisse des Weiteren auch die Modelle 9, 13, 21, 23, 24, 31 u. 32).

Tabelle A-3-3: Regressionsmodelle zur öffentlichen Bildungsausgabenquote II

	(9)		(10)		(11)		(12)	
BIP pro Kopf	0,00002 (0,00002)	0,187						
Kabinettssitzanteil liberaler Parteien[1]	0,029** (0,010)	0,431	0,028** (0,010)	0,423	0,025** (0,010)	0,385		
Gewerkschaftsdichte	0,023*** (0,007)	0,496	0,023*** (0,007)	0,498	0,029*** (0,007)	0,639	0,015 (0,009)	0,325
Staatsquote (ohne Bildungsausgaben)							0,089** (0,033)	0,660
Bevölkerungsanteil der 5-24-Jährigen	0,094* (0,053)	0,276						
Bevölkerungsanteil der Schüler u. Stud.			0,086* (0,047)	0,283				
Bevölkerungsanteil der über 65-Jährigen					-0,070 (0,055)	-0,200		
Inaktive Ältere[2]							-0,065** (0,024)	-0,524
Konstante	0,950 (1,501)		2,234** (0,974)		4,848*** (0,871)		3,005*** (0,851)	
R^2	0,54***		0,52***		0,59***		0,62***	
R^2_{korr}	0,45		0,45		0,52		0,55	
N	26		26		21		21	

Anmerkungen: Im oberen linken Feld steht jeweils der partielle Regressionskoeffizient, darunter der Standardfehler und rechts der standardisierte partielle Regressionskoeffizient. * steht für ein Signifikanzniveau von 90%, ** für 95% und *** für 99%.

[1] Durchschnitt seit 1990 bzw. Jahr der ersten demokratischen Wahlen

[2] in Relation zu den Erwerbspersonen

Erläuterungen zu Tabelle A-3-3 (Modelle 9 bis 12; demographische Variablen):
    Der Effekt des Bevölkerungsanteils der 5-24-Jährigen (Modell 9) tritt deut-
lich klarer hervor, wenn auch für das BIP pro Kopf kontrolliert wird, derjenige
der Bildungsbeteiligung, d.h. des Bevölkerungsanteils von Schülern und Studierenden, jedoch auch ohne Inklusion desselben (Modell 10; siehe zur Bildungsbeteiligung auch Modell 14 mit noch etwas stärkerem und signifikanterem Effekt
sowie die Modelle 29, 31 u. 32). Wie bei den bivariaten Zusammenhängen ist
der Befund zur Seniorenquote (Modell 11) schwächer als derjenige zum Anteil
der Relation der Inaktiven zu den Erwerbspersonen (Modell 12; siehe zu dieser
Variable im ganzen 26er-Sample auch Modell 24), und er erreicht auch nicht die
üblichen Signifikanzschranken. (Zur Relativierung der Bedeutung von Signifikanztests bei Vollerhebungen sei hier allerdings auf die Erläuterung meines
Standpunkts in Anhang 2 verwiesen.)

Tabelle A-3-4: Regressionsmodelle zur öffentlichen Bildungsausgabenquote III

	(13)		(14)		(15)		(16)	
BIP pro Kopf	0,00004 (0,00002)	0,277						
Kabinettssitzanteil liberaler Parteien[1]	0,030** (0,012)	0,446						
Kabinettssitzanteil konserv. Parteien[1]			-0,021*** (0,006)	-0,648	-0,018*** (0,006)	-0,563	-0,012** (0,004)	-0,382
Bevölkerungsanteil der Schüler u. Stud.			0,131** (0,057)	0,428				
Staatsverschuldung in % des BIP					-0,011** (0,005)	-0,401		
Katholikenanteil	-0,003 (0,005)	-0,132	-0,006 (0,005)	-0,223	-0,008 (0,005)	-0,302		
Protestantenanteil							0,018*** (0,004)	0,640
Konstante	3,863*** (0,756)		3,233*** (1,151)		6,557*** (0,471)		4,828*** (0,213)	
R^2	0,28*		0,38**		0,39**		0,57***	
R^2_{korr}	0,19		0,29		0,30		0,53	
N	26		26		26		26	

Anmerkungen: Im oberen linken Feld steht jeweils der partielle Regressionskoeffizient, darunter der Standardfehler und rechts der standardisierte partielle Regressionskoeffizient. * steht für ein Signifikanzniveau von 90%, ** für 95% und *** für 99%.
[1] Durchschnitt seit 1990 bzw. Jahr der ersten demokratischen Wahlen

Erläuterungen zu Tabelle A-3-4 (Modelle 13 bis 16; kulturelle Variablen):

Dass der Effekt des Katholizismus – bei umgekehrten Vorzeichen – deutlich geringer ist als derjenige des Protestantismus, zeigt ein Vergleich der ansonsten identisch spezifizierten Modelle 13 und 5. (Ebenfalls schon unter Beweis gestellt hatte der Protestantenanteil seine Bedeutung ja in Modell 7; siehe des Weiteren die Modelle 18, 22 u. 30.) Substanzieller und näher an den konventionellen Signifikanzschranken als in Modell 13 fällt der Effekt des Katholizismus immerhin aber in den Modellen 14 und 15 aus, welche statt des BIP pro Kopf den Anteil der Schüler und Studierenden bzw. die Staatsverschuldung berücksichtigen. Überaus erklärungskräftig erweist sich der Protestantenanteil des Weiteren in einem schmalen Modell (16), das ihn mit dem Kabinettssitzanteil der konservativen Parteien zusammen spannt.

Tabelle A-3-5: Regressionsmodelle zur öffentlichen Bildungsausgabenquote IV

	(17)	(18)	(19)	(20)
Kabinettssitzanteil liberaler Parteien[1]		0,026** (0,010) 0,387		
Kabinettssitzanteil konserv. Parteien[1]	-0,019** (0,007) -0,573			
Kabinettssitzanteil christl. M.-Parteien[1]	-0,015 (0,011) -0,251			-0,021 (0,013) -0,348
Bevölkerungsanteil der Schüler u. Stud.	0,103* (0,052) 0,338	0,037 (0,050) 0,122		
Staatsverschuldung in % des BIP			-0,012** (0,005) -0,444	-0,011** (0,005) -0,414
Protestantenanteil		0,012* (0,006) 0,419		
Gewerkschaftsdichte	0,017** (0,008) 0,372	0,011 (0,009) 0,239		
Korporatistische Integration			0,437** (0,168) 0,468	0,619*** (0,194) 0,663
Konstante	3,095*** (1,062)	3,284*** (1,055)	4,500*** (0,662)	4,088*** (0,677)
R^2	0,53***	0,59***	0,42***	0,50***
R^2_{korr}	0,44	0,52	0,35	0,41
N	26	26	21	21

Anmerkungen: Im oberen linken Feld steht jeweils der partielle Regressionskoeffizient, darunter der Standardfehler und rechts der standardisierte partielle Regressionskoeffizient. * steht für ein Signifikanzniveau von 90%, ** für 95% und *** für 99%.
[1] Durchschnitt seit 1990 bzw. Jahr der ersten demokratischen Wahlen

Erläuterungen zu Tabelle A-3-5 (Modelle 17 bis 20; gesellschaftliche Machtressourcen):

Dass die Gewerkschaftsdichte einer der allerwichtigsten Erklärungsfaktoren
der Bildungsausgabenquote ist, sollte bereits anhand der Modelle 4, 6, 8 – 12
deutlich geworden sein. (Siehe des Weiteren auch die Modelle 27 – 29 weiter
unten.) Modell 17 bestätigt dies unter Einbeziehung zweier weiterer (Parteien-)
Variablen. Modell 18 zeigt dagegen, dass der Effekt der Gewerkschaftsdichte bei
Inklusion des Protestantenanteils spürbar kleiner (und weniger signifikant) ausfällt, was auch an der vergleichsweise hohen Interkorrelation dieser beiden Größen von $r = 0,65$ liegt. Die Modelle 19 und 20 (siehe zudem Modell 26) zeigen,
dass auch die korporatistische Integration einen starken positiven Einfluss auf
die öffentlichen Bildungsausgaben ausübt. Zu beachten ist bei diesen beiden
Modellen die aus Gründen eingeschränkter Datenverfügbarkeit verringerte Fall-
zahl (für Details siehe Tabelle A-1-1 in Anhang 1). In (hier nicht abgedruckten)
Modellen, die sowohl die korporatistische Integration als auch die Gewerkschaftsdichte beinhalten, verbleibt allerdings nur ein sehr kleiner Zusatzeffekt
der Ersteren.

Tabelle A-3-6: Regressionsmodelle zur öffentlichen Bildungsausgabenquote V

	(21)		(22)		(23)		(24)	
Kabinettssitzanteil linker Parteien[1]	0,014* (0,007)	0,303						
Differenz der Kabinettssitzanteile linker u. konserv. Parteien[1]			0,008** (0,003)	0,339	0,011*** (0,004)	0,502	0,017*** (0,004)	0,743
Kabinettssitzanteil liberaler Parteien[1]	0,025** (0,011)	0,376						
BIP pro Kopf	0,00004* (0,00002)	0,325			0,00004** (0,00002)	0,335	0,00004* (0,00002)	0,297
Staatsverschuldung in % des BIP	-0,009* (0,004)	-0,320			-0,011** (0,004)	-0,384		
Protestantenanteil			0,016*** (0,004)	0,587				
Inaktive Ältere[2]							-0,059** (0,024)	-0,483
Konstante	3,689*** (0,689)		4,474*** (0,172)		4,435*** (0,628)		5,610*** (0,919)	
R^2	0,46***		0,53***		0,45***		0,45***	
R^2_{korr}	0,36		0,49		0,37		0,38	
N	26		26		26		26	

Anmerkungen: Im oberen linken Feld steht jeweils der partielle Regressionskoeffizient, darunter der Standardfehler und rechts der standardisierte partielle Regressionskoeffizient. * steht für ein Signifikanzniveau von 90%, ** für 95% und *** für 99%.
[1] Durchschnitt seit 1990 bzw. Jahr der ersten demokratischen Wahlen
[2] in Relation zu den Erwerbspersonen

Erläuterungen zu Tabelle A-3-6 (Modelle 21 bis 24; Parteien):

Der positive Effekt liberaler Regierungsparteien auf die Bildungsausgaben-quote ist oben bereits in zahlreichen Modellen (1, 4 – 11, 13, 18; siehe weiter unten auch 29) demonstriert worden, ebenso der negative der konservativen (Modelle 2 und 14 – 17; siehe auch Modelle 25 u. 26). Die Liberalismus-Variable wird hier lediglich in Modell 21 noch einmal aufgegriffen um zu zeigen, dass sie auch bei gemeinsamer Inklusion mit dem Linksparteienanteil substantielle und signifikante Ergebnisse zeitigt. Nicht gesagt werden kann das vom schwachen negativen Effekt christlicher Mitte-Parteien, den wir in den Modellen 17 und 20 gesehen hatten. Der Effekt der Linksparteien schließlich ist klar positiv, die Parteiendifferenz zwischen ihnen und den Konservativen tritt aber weitaus deutlicher zu Tage, wenn man die Differenz zwischen beider Kabinettssitzanteilen bildet und wie in den Modellen 22 – 24 (sowie weiter unten 27 u. 28) als integrierte Variable verwendet.

Tabelle A-3-7: Regressionsmodelle zur öffentlichen Bildungsausgabenquote VI

	(25)	(26)	(27)	(28)
Kabinettssitzanteil konserv. Parteien[1]	-0,019*** (0,006) -0,574	-0,011 (0,007) -0,313		
Differenz der Kabinettssitzanteile linker u. konserv. Parteien[1]			0,010** (0,005) 0,433	0,007 (0,005) 0,293
Kabinettssitzanteil liberaler Parteien[1]				0,022* (0,011) 0,335
Staatsverschuldung in % des BIP	-0,010* (0,005) -0,346	-0,011** (0,005) -0,410		
Korporatistische Integration		0,373** (0,173) 0,400		
Gewerkschaftsdichte			0,022** (0,008) 0,471	0,023*** (0,008) 0,501
Schmidt'scher Vetoindex	-0,138* (0,078) -0,321	-0,140* (0,075) -0,329		
EU-Mitgliedschaft			-0,666* (0,367) -0,344	-0,704* (0,344) -0,363
Konstante	6,824*** (0,561)	5,662*** (0,816)	4,701*** (0,372)	4,477*** (0,364)
R^2	0,39***	0,56***	0,45***	0,54***
R^2_{korr}	0,31	0,45	0,37	0,45
N	26	21	26	26

Anmerkungen: Im oberen linken Feld steht jeweils der partielle Regressionskoeffizient, darunter der Standardfehler und rechts der standardisierte partielle Regressionskoeffizient. * steht für ein Signifikanzniveau von 90%, ** für 95% und *** für 99%.
[1] Durchschnitt seit 1990 bzw. Jahr der ersten demokratischen Wahlen

Tabelle A-3-8: Regressionsmodelle zur öffentlichen Bildungsausgabenquote VII

	(29)	(30)	(31)	(32)
Kabinettssitzanteil liberaler Parteien[1]	0,026** (0,010) 0,383			
Bevölkerungsanteil der Schüler u. Stud.	0,101** (0,048) 0,330		0,098* (0,055) 0,322	0,098* (0,055) 0,322
Gewerkschaftsdichte	0,022*** (0,007) 0,475			
Protestantenanteil		0,018*** (0,004) 0,644		
BIP pro Kopf			0,00006** (0,00002) 0,442	0,00006** (0,00002) 0,442
Duale Berufsbildung[2]	0,450 (0,398) 0,181			
Duale oder schulische Berufsbildung[2]		0,526* (0,287) 0,271	1,072*** (0,370) 0,553	
Betriebliche Berufsbildung[2]				-1,072*** (0,370) -0,553
Konstante	1,938* (1,003)	4,096*** (0,265)	0,722 (1,376)	1,794 (1,205)
R^2	0,54***	0,50***	0,36**	0,36**
R^2_{korr}	0,46	0,45	0,28	0,28
N	26	26	26	26

Anmerkungen: Im oberen linken Feld steht jeweils der partielle Regressionskoeffizient, darunter der Standardfehler und rechts der standardisierte partielle Regressionskoeffizient. * steht für ein Signifikanzniveau von 90%, ** für 95% und *** für 99%.
[1] Durchschnitt seit 1990 bzw. Jahr der ersten demokratischen Wahlen
[2] Dummy-Variable für vorherrschendes System

Erläuterungen zu den Tabellen A-3-7 und A-3-8 (Modelle 25 bis 32; Institutionelle Größen):
   Die Effekte der institutionellen Erklärungsgrößen – und damit deren Bedeutung – sind vergleichsweise gering. Im Gegensatz zu den bisher präsentierten Ergebnissen sind sie auch weniger robust, d.h. es gibt deutlich weniger Spezifikationen, in denen sie substantielle und signifikante (oder nahezu signifikante) Schätzer liefern. Dies gilt sowohl für den Schmidt'schen Vetoindex (Modelle 25 und 26; man beachte, dass Modell 26 wegen des Einschlusses der korporatistischen Integration nur die 21 alten OECD-Demokratien abdeckt) als auch für die EU-Mitgliedschaft (Modelle 27 und 28) mit ihren jeweils negativen Einflüssen, aber stärker noch für die duale Berufsbildung (Modell 29) mit ihrem positiven Effekt. Hinsichtlich der Rolle der Berufsbildungssysteme scheint der Hauptunterschied zwischen schulischen und dualen Systemen einerseits (Modelle 30 und 31 mit klarerem Effekt als das duale System in Modell 29 alleine) und den betrieblich dominierten Systemen (Modell 32; ein nicht abgedrucktes, die Dummy-Variable für betriebliche Berufsbildung enthaltendes, ansonsten aber zu Modell 30 analoges Modell fällt abgesehen vom Vorzeichenwechsel der Berufsbildungs-Variable bei umgekehrtem Vorzeichen fast identisch zu diesem aus) zu sein.

Tabelle A-3-9: Regressionsmodelle zur öffentlichen Bildungsausgabenquote VIII

	(33)		(34)		(35)		(36)	
Steuereinnahmen[1] in % des BIP	0,086*** (0,019)	0,655	0,090*** (0,024)	0,686				
Staatsverschuldung in % des BIP	-0,009** (0,004)	-0,337						
Alterssicherungsausgaben in % des BIP					-0,146** (0,070)	-0,473		
Haushaltsdefizit[2]							0,062 (0,039)	0,266
Protestantenanteil			0,008* (0,005)	0,290			0,013*** (0,005)	0,480
Inaktive Ältere[3]			-0,041* (0,021)	-0,332				
Differenz der Kabinettssitzanteile linker u. konserv. Parteien[4]					0,017*** (0,005)	0,760		
Kabinettssitzanteil konserv. Parteien[4]							-0,013*** (0,004)	-0,410
Konstante	2,427*** (0,738)		2,641*** (0,646)		5,995*** (0,529)		5,054*** (0,250)	
R^2	0,53***		0,65***		0,33**		0,61***	
R^2_{korr}	0,49		0,60		0,27		0,56	
N	26		26		26		26	

Anmerkungen: Im oberen linken Feld steht jeweils der partielle Regressionskoeffizient, darunter der Standardfehler und rechts der standardisierte partielle Regressionskoeffizient. * steht für ein Signifikanzniveau von 90%, ** für 95% und *** für 99%.
[1] inklusive Sozialversicherungsbeiträge
[2] Die Variable ist so kodiert, dass Defizite ein negatives und Überschüsse ein positives Vorzeichen haben.
[3] in Relation zu den Erwerbspersonen
[4] Durchschnitt seit 1990 bzw. Jahr der ersten demokratischen Wahlen

Erläuterungen zu Tabelle A-3-9 (Modelle 33 bis 36; Finanzierungsbedingungen und Programmkonkurrenz):

Die Finanzierungsbedingungen haben einen erheblichen Einfluss auf die öffentliche Bildungsfinanzierung, allerdings nicht alle Indikatoren, die für sie stehen, im selben Ausmaß: Steuereinnahmen und Staatsverschuldung weisen in einem schlanken Modell, das nur diese beiden Größen enthält (Modell 33), starke und hochsignifikante Effekte auf. Kombiniert man Erstere mit dem Protestantenanteil und dem Bevölkerungsanteil der inaktiven Älteren, so fällt er sogar nochmals etwas größer aus (Modell 34; zur Staatsverschuldung siehe auch Modell 38). Das Haushaltsdefizit hat dagegen nur einen schwächeren negativen (man beachte Anm. 2) Effekt (Modell 36), und wie bereits im Haupttext erwähnt fällt dieser wiederum nur halb so groß aus, wenn drei Sonderfälle mit besonders großen Defiziten bzw. Überschüssen unberücksichtigt bleiben. Modell 35 ist eines der Indizien für einen Programmkonkurrenzeffekt zwischen öffentlichen Alterssicherungs- und Bildungsausgaben. Allerdings ist dieser Befund uneindeutig, da das Vorzeichen in manchen, hier nicht abgedruckten Modellen auch positiv ausfällt.

Tabelle A-3-10: Regressionsmodelle zur öffentlichen Bildungsausgabenquote IX

	(37)	(38)	(39)	(40)
Protestantenanteil	0,015*** (0,005) 0,547			0,007** (0,003) 0,461
Differenz der Kabinettssitzanteile linker u. konserv. Parteien[1]	0,007* (0,004) 0,317			
Gewerkschaftsdichte	0,003 (0,010) 0,069			
Interaktionsterm[2]		0,009*** (0,002) 0,680	0,010*** (0,002) 0,762	
Staatsverschuldung in % des BIP		-0,007* (0,004) -0,240		
Bevölkerungsanteil der 5-24-Jährigen			0,088* (0,048) 0,257	0,083 (0,052) 0,333
Konstante	4,407*** (0,272)	4,836*** (0,309)	2,151* (1,246)	2,341 (1,361)
R²	0,54***	0,55***	0,56***	0,23*
R²korr	0,47	0,52	0,52	0,15
N	26	26	26	22

Anmerkungen: Im oberen linken Feld steht jeweils der partielle Regressionskoeffizient, darunter der Standardfehler und rechts der standardisierte partielle Regressionskoeffizient. * steht für ein Signifikanzniveau von 90%, ** für 95% und *** für 99%.
[1] Durchschnitt seit 1990 bzw. Jahr der ersten demokratischen Wahlen
[2] Protestantenanteil + Differenz der Kabinettssitzanteile linker u. konserv. Parteien + Gewerkschaftsdichte

Ausführliche Erläuterungen zu den Modellen dieser Tabelle finden sich bereits in Abschnitt 2.9 im Haupttext.

Tabelle A-3-11: Regressionsmodelle zur privaten Bildungsausgabenquote I

	(41)		(42)		(43)		(44)	
Staatsquote (ohne Bildungsausgaben)	-0,048*** (0,014)	-0,475	-0,048*** (0,017)	-0,476	-0,050** (0,022)	-0,493		
Föderalismus	0,455** (0,218)	0,306	0,456* (0,224)	0,306	0,454* (0,231)	0,305	0,511** (0,225)	0,343
Kabinettssitzanteil christl. M.-Parteien[1]	-0,005 (0,004)	-0,180	-0,005 (0,004)	-0,180	-0,005 (0,004)	-0,178	-0,008 (0,005)	-0,253
Katholikenanteil	-0,006** (0,003)	-0,325	-0,006** (0,003)	-0,325	-0,006** (0,003)	-0,326	-0,007** (0,003)	-0,379
Kirchensteuererhebung	-0,498** (0,197)	-0,367	-0,498** (0,203)	-0,367	-0,515* (0,248)	-0,380	-0,691*** (0,221)	-0,509
BIP pro Kopf	-8,36e-06 (0,00001)	-0,089	-8,40e-06 (0,00002)	-0,089	-8,67e-06 (0,00002)	-0,092		
Öffentliche Bildungsausgabenquote			0,001 (0,119)	0,002	0,013 (0,154)	0,018	-0,171 (0,118)	-0,231
Bevölkerungsanteil der 5-24-Jährigen					-0,007 (0,055)	-0,027		
Konstante	3,218*** (0,636)		3,216*** (0,684)		3,412* (1,708)		2,117*** (0,604)	
R^2	0,70***		0,70***		0,70***		0,55***	
R^2_{korr}	0,60		0,58		0,55		0,44	
N	26		26		26		26	

Anmerkungen: Im oberen linken Feld steht jeweils der partielle Regressionskoeffizient, darunter der Standardfehler und rechts der standardisierte partielle Regressionskoeffizient. * steht für ein Signifikanzniveau von 90%, ** für 95% und *** für 99%.
[1] Durchschnitt seit 1990 bzw. Jahr der ersten demokratischen Wahlen

Tabelle A-3-12: Regressionsmodelle zur privaten Bildungsausgabenquote II

	(45)	(46)	(47)	(48)
Staatsquote (ohne Bildungsausgaben)	-0,051*** / -0,509 (0,015)	-0,047*** / -0,464 (0,015)	-0,044** / -0,433 (0,017)	-0,044** / -0,437 (0,017)
Föderalismus	0,435* / 0,292 (0,228)	0,416* / 0,280 (0,221)	0,477* / 0,321 (0,230)	0,476* / 0,320 (0,228)
Kabinettssitzanteil linker Parteien[1]	0,0005 / 0,027 (0,003)			
Kabinettssitzanteil liberaler Parteien[1]		-0,005 / -0,155 (0,004)		
Kabinettssitzanteil konserv. Parteien[1]			0,002 / 0,135 (0,003)	0,001 / 0,077 (0,003)
Kabinettssitzanteil christl. M.-Parteien[1]				-0,005 / -0,163 (0,004)
Katholikenanteil	-0,006** / -0,338 (0,003)	-0,006** / -0,318 (0,003)	-0,006** / -0,332 (0,003)	-0,006** / -0,320 (0,003)
Kirchensteuer-erhebung	-0,450** / -0,332 (0,205)	-0,435** / -0,320 (0,196)	-0,424** / -0,313 (0,200)	-0,482** / -0,356 (0,205)
BIP pro Kopf	-6,29e-06 / -0,067 (0,00002)	-6,70e-06 / -0,071 (0,00001)	0,00001 / -0,133 (0,00002)	-0,00001 / -0,119 (0,00001)
Konstante	3,214*** (0,678)	3,112*** (0,654)	3,009*** (0,718)	3,089*** (0,715)
R^2	0,67***	0,69***	0,68***	0,70***
R^2_{korr}	0,56	0,59	0,57	0,58
N	26	26	26	26

Anmerkungen: Im oberen linken Feld steht jeweils der partielle Regressionskoeffizient, darunter der Standardfehler und rechts der standardisierte partielle Regressionskoeffizient. * steht für ein Signifikanzniveau von 90%, ** für 95% und *** für 99%.
[1] Durchschnitt seit 1990 bzw. Jahr der ersten demokratischen Wahlen.

Tabelle A-3-13: Regressionsmodelle zur privaten Bildungsausgabenquote III

	(49)		(50)		(51)		(52)	
Staatsquote (ohne Bildungsausgaben)	-0,466	-0,047** (0,019)	-0,231	-0,021* (0,011)	-0,375	-0,033*** (0,009)	-0,154	-0,014 (0,016)
Föderalismus	0,339	0,504** (0,240)	-0,129	-0,151 (0,262)	-0,097	-0,114 (0,184)	0,453	0,551** (0,190)
Kabinettssitzanteil konserv. Parteien[1]	0,126	0,002 (0,003)						
Kabinettssitzanteil christl. M.-Parteien[1]			-0,104	-0,002 (0,003)	-0,115	-0,003 (0,002)	-0,165	-0,005 (0,006)
Katholikenanteil	-0,342	-0,007** (0,003)	-0,401	-0,006*** (0,002)	-0,515	-0,008*** (0,002)	-0,347	-0,006* (0,003)
Kirchensteuererhebung	-0,281	-0,382* (0,220)	-0,587	-0,631*** (0,140)	-0,680	-0,731*** (0,123)	-0,362	-0,415 (0,211)
Verpflichtende private Sozialausg.[2]	-0,085	-0,036 (0,069)						
Regionale Steuerautonomie			0,745	0,136*** (0,045)				
Dezentralisierung					0,747	0,043*** (0,009)		
Koporatistische Integration							-0,299	-0,170 (0,144)
BIP pro Kopf	-0,123	-0,00001 (0,00001)	-0,126	-9,40e-06 (0,00001)	-0,040	-2,97e-06 (8,29e-06)	0,132	0,00002 (0,00002)
Konstante		3,135*** (0,771)		1,943*** (0,511)		2,088*** (0,422)		1,571* (0,845)
R^2		0,68***		0,80***		0,86***		0,75***
R^2_{korr}		0,56		0,71		0,80		0,62
N		26		25		25		21

Anmerkungen: Im oberen linken Feld steht jeweils der partielle Regressionskoeffizient, darunter der Standardfehler und rechts der standardisierte partielle Regressionskoeffizient. * steht für ein Signifikanzniveau von 90%, ** für 95% und *** für 99%.
[1] Durchschnitt seit 1990 bzw. Jahr der ersten demokratischen Wahlen
[2] in % des BIP

Erläuterungen zu den Tabellen A-3-11 bis A-3-13 (Modelle 41 bis 52 zur privaten Bildungsausgabenquote):
     Modell 41 belegt die stark negativen Effekte der Staatsquote, des Katholi-
kenanteils und der Kirchensteuererhebung sowie den stark positiven des Föderalismus auf die privaten Bildungsausgaben. Außerdem zeigt es einen etwas
schwächeren negativen Einfluss der Regierungsbeteiligung christdemokratischer
Mitte-Parteien und einen relativ geringen negativen Effekt der Höhe des BIP pro
Kopf. Die Modelle 42 und 43 zeigen, dass die Inklusion der öffentlichen Bildungsausgaben und der Größe des bildungsrelevantesten Bevölkerungsanteils
weder substantielle Effekte zeitigen noch die Erklärungskraft vergrößern.[115] Zum
Substitutionseffekt zwischen privaten und öffentlichen Bildungsausgaben sei
angemerkt, dass er nur dann deutlich hervortritt, wenn wie in Modell 44 sowohl
die Staatsquote als auch das BIP pro Kopf aus dem Modell herausgenommen
werden.
     In den Modellen 45 bis 48 werden die Effekte der übrigen Parteienfamilien
betrachtet. Derjenige linker Regierungsparteien ist nahezu verschwindend gering
(und positiv)[116], diejenigen von liberalen und konservativen Parteien sind etwas
größer, wobei Ersterer negativ und Letzterer positiv ausfällt. Inkludiert man die
christdemokratischen Mitte- und die konservativen Parteien als diejenigen mit
den am deutlichsten entgegengesetzten Effekten in dasselbe Modell (48), tritt
jedoch derjenige der konservativen Parteien klar zurück.
     Modell 49 zeigt den negativen Effekt der verpflichtenden privaten Sozial-
ausgaben, der wie oben in Abschnitt 3.5 angesprochen in einem identischen
Modell für das Jahr 2002 nochmals stärker und signifikant ausfällt. Leider nur in
einem um Südkorea verkleinerten Sample konnten die Effekte der Dezentralisierung[117] und der regionalen Steuerautonomie (in den Modellen 50 und 51) getestet werden, wobei beide stark positiv ausfallen und zu den erklärungskräftigsten
Einzelvariablen avancieren. Jeweils irrelevant werden durch ihre Inklusion die
Koeffizienten für den Föderalismus-Dummy.
     Die Auswirkungen der korporatistischen Integration konnten (in Modell 52)
wiederum nur für die Gruppe der alten OECD-Demokratien, also für das um
Südkorea sowie die vier ostmitteleuropäischen Mitgliedstaaten verringerte Sample, untersucht werden. Der resultierende Effekt ist eindeutig negativ, und in hier

---

[115] Das Ergebnis für die demographische Variable ist zudem sehr volatil, da es bei Ausschluss der
öffentlichen Bildungsausgabenquote aus Modell 43 das Vorzeichen wechselt (bei weiterhin sehr
geringer Substanz).
[116] Er ist außerdem insofern volatil, als er in einem identischen Modell für das Jahr 2002 ein negatives Vorzeichen aufweist (vgl. Wolf/Zohlnhöfer 2007: 16).
[117] Der Dezentralisierungsindex von Marks/Hooghe/Schakel 2007 umfasst die Dimensionen Umfang
der sachpolitischen Kompetenzen, Steuerautorität, Repräsentation und Rolle der Regionen in der
zentralstaatlichen Gesetzgebung.

nicht abgedruckten Modellen unter Einschluss der konservativen statt der christ-demokratischen Kabinettssitzanteile fällt er nochmals stärker aus. Der Vorzei-chenwechsel des Effekts des BIP pro Kopf, der sich in Modell 52 manifestiert, liegt im Übrigen am kleineren Sample, nicht an der Inklusion der Variable kor-poratistische Integration.

Tabelle A-3-14: Regressionsmodelle zur öffentlichen und privaten Hochschulausgabenquote

	(53) oeff HA		(54) pri HA		(55) pri HA		(56) ges pri BA	
Interaktionsterm[1]	0,003*** (0,001)	0,571						
Betriebliche Berufsbildung[2]	-0,214* (0,110)	-0,300						
Staatsquote (ohne Bildungsausgaben)			-0,041*** (0,013)	-0,538	-0,012 (0,017)	-0,159	-0,061*** (0,014)	-0,594
Föderalismus			0,305 (0,183)	0,267	0,384** (0,160)	0,336	0,542** (0,204)	0,347
Kabinettssitzanteil christl. M.-Parteien[3]			-0,005 (0,003)	-0,206			-0,005 (0,004)	-0,155
Katholikenanteil			-0,004* (0,002)	-0,282	-0,004* (0,002)	-0,260	-0,007*** (0,002)	-0,368
Kirchensteuererhebung			-0,204 (0,185)	-0,194			-0,242 (0,207)	-0,169
BIP pro Kopf	0,00001** (6,99e-06)	0,311	-2,85e-07 (0,00001)	-0,004	1,37e-06 (0,00001)	0,020	-0,00002 (0,00001)	-0,169
Bevölkerungsanteil der Studierenden					0,249*** (0,085)	0,500		
Öffentliche Hochschulausgabenquote					-0,649* (0,313)	-0,425		
Konstante	0,557*** (0,170)		2,233*** (0,575)		0,558 (0,785)		3,916*** (0,641)	
R[2]	0,66***		0,65***		0,74***		0,77***	
R[2]_korr	0,62		0,53		0,65		0,69	
N	26		24		24		24	

Anmerkungen: oeff HA steht für die öffentlichen Hochschulausgaben, pri HA für die privaten Hochschulausgaben, und ges pri BA für die gesamten privaten Bildungsausgaben, jeweils als abhängige Variable.
Im oberen linken Feld steht jeweils der partielle Regressionskoeffizient, darunter der Standardfehler und rechts der standardisierte partielle Regressionskoeffizient. * steht für ein Signifikanzniveau von 90%, ** für 95% und *** für 99%.
[1] Protestantenanteil + Differenz der Kabinettssitzanteile linker u. konserv. Parteien + Gewerkschaftsdichte
[2] Dummy-Variable für vorherrschendes System
[3] Durchschnitt seit 1990 bzw. Jahr der ersten demokratischen Wahlen

Erläuterungen zu Tabelle A-3-14 (Modelle 53 bis 56 zu den Hochschulausgaben):

Modell 53 belegt die Bedeutung des für die kulturelle Prägung durch den Protestantismus, die Parteiendifferenz zwischen linken und konservativen Regierungen sowie die Gewerkschaftsmacht stehenden Interaktionsterms, des Berufsbildungssystems und des BIP pro Kopf für die öffentlichen Hochschulausgaben. Nach Sektoren aufgeschlüsselte private Bildungsausgaben sind für Griechenland und die Schweiz leider nicht verfügbar, sodass sich die Anzahl der untersuchten Fälle für die Modelle 54 und 55 auf 24 verringert. Modell 56 bietet eine Anwendung von Modell 54 auf die gesamten privaten Bildungsausgaben, um abgrenzen zu können, inwiefern diese Veränderung der Untersuchungsgruppe (und nicht der Unterschied zwischen gesamten und hochschulischen Bildungsausgaben) für die Ergebnisse von Modell 54 verantwortlich ist. Die Modelle 54 und 56 sind im Übrigen, was die erklärenden Variablen angeht, auch identisch mit Modell 41, welches ansonsten die gesamten privaten Bildungsausgaben in allen 26 Staaten untersucht und damit einen Dreiecksvergleich ermöglicht. Aus diesem folgt, dass der positive Effekt des Föderalismus auf die privaten Hochschulausgaben geringer und weniger eindeutig ist als auf die privaten Gesamt-Bildungsausgaben. Die in Modell 54 ebenfalls geringere Bedeutung der Kirchensteuererhebung liegt dagegen hauptsächlich an der kleineren Untersuchungsgruppe.

Modell 55 ist zu entnehmen, dass der demographische Nachfragedruck, der sich am Bevölkerungsanteil der Studierenden bemisst, einen starken positiven Einfluss auf die privaten Hochschulausgaben hat, und dass es im Hochschulbereich im Gegensatz zur Gesamtsituation einen eigenständigen, auch bei Inklusion von Staatsquote und BIP signifikanten Substitutionseffekt zwischen öffentlichen und privaten Bildungsausgaben gibt.

Literatur

Adema, Willem/Ladaique, Maxime 2005: Net Social Expenditure, 2005 Edition. More Comprehensive Measures of Social Support (OECD Social, Employment and Migration Working Papers 29), Paris: OECD.

Adloff, Frank 2004: Wozu sind Stiftungen gut? Zur gesellschaftlichen Einbettung des deutschen Stiftungswesens, in: Leviathan 32:2, 269-285.

Ainley, Patrick 2004: The New 'Market-State' and Education, in: Journal of Education Policy 19:4, 497-514.

Aktionsrat Bildung 2007: Bildungsgerechtigkeit. Jahresgutachten des Aktionsrates Bildung, hg. von der Vereinigung der Bayerischen Wirtschaft, Wiesbaden: VS Verlag.

Alber, Jens 1986: Germany, in: Flora, Peter (Hg.) 1986: Growth to Limits. The Western European Welfare States Since World War II. Volume 2: Germany, United Kingdom, Ireland, Italy, Berlin: Walter de Gruyter, 1-154.

Allmendinger, Jutta/Leibfried, Stephan 2002: Bildungsarmut im Sozialstaat, in: Burkart, Günther/Wolf, Jürgen (Hg.) 2002: Lebenszeiten. Erkundungen zur Soziologie der Generationen. Martin Kohli zum 60. Geburtstag, Opladen: Leske + Budrich, 287-315.

Amenta, Edwin/Skocpol, Theda 1989: Taking Exception. Explaining the Distinctiveness of American Public Policies in the Last Century, in: Castles, Francis G. (Hg.): The Comparative History of Public Policy, Cambridge: CUP, 292-333.

Anheier, Helmut 2005: Nonprofit Organizations. Theory, Management, Policy, Routledge: London/New York.

Anheier, Helmut K./Salamon, Lester M./Archambault, Edith 1997: Ehrenamtlichkeit und Spendenverhalten in Deutschland, Frankreich und den USA, in: Anheier, Helmut K./Priller, Eckhard/Seibel, Wolfgang/Zimmer, Annette (Hg.): Der Dritte Sektor in Deutschland. Organisation zwischen Staat und Markt im gesellschaftlichen Wandel, Berlin: Edition Sigma, 197-209.

Armingeon, Klaus 2006: Reconciling Competing Claims of the Welfare State Clientele. The Politics of Old and New Social Risk Coverage in Comparative Perspective, in: Armingeon, Klaus/Bonoli, Guiliano (Hg.): The Politics of Post-Industrial Welfare States. Adapting Post-War Social Policies to New Social Risks, London: Routledge, 100-122.

Avenarius, Hermann/Ditton, Hartmut/Döbert, Hans/Klemm, Klaus/Klieme, Eckhard/Rürup, Matthias/Tenorth, Heinz-Elmar/Weishaupt, Horst/Weiß, Manfred 2003: Bildungsbericht für Deutschland: Erste Befunde, Opladen: Leske + Budrich.

Bajohr, Stefan 2003: Grundriss Staatliche Finanzpolitik, Opladen: Leske + Budrich.

Barro, Robert J. 1997: Determinants of Economic Growth. A Cross-Country Empirical Study, Cambridge, MA: The MIT Press.

Barrett, David B./Kurian, George Thomas/Johnson, Todd M. (Hg.) 2001: World Christian Encyclopedia. A Comparative Survey of Churches and Religions in the modern World, Oxford: Oxford UP.

Barth, Thomas/Schöller, Oliver 2005: Der Lockruf der Stifter. Bertelsmann und die Privatisierung der Bildungspolitik, in: Blätter für deutsche und internationale Politik 11/2005, 1339-1348.

Baum, Britta/Seitz, Helmut 2003: Demographischer Wandel und Bildungsausgaben: Empirische Evidenz für die westdeutschen Länder, in: Vierteljahreshefte zur Wirtschaftsförderung 72:2, 205-219.

Becker, Gary S. [3]1993: Human Capital. A Theoretical and Empirical Analysis with Specific Reference to Education, Chicago: University of Chicago Press.

Behnke, Joachim 2003: Kausalprozesse und Identität. Über den Sinn von Signifikanztests und Konfidenzintervallen bei Vollerhebungen, Manuskript.

Behnke, Joachim 2005: Lassen sich Signifikanztests auf Vollerhebungen anwenden? Einige Anmerkungen, in: Politische Vierteljahresschrift 46:1, O-1–O-15.

Biffl, Gudrun/Isaac, Joe 2002: Should Higher Education Students Pay Tuition Fees?, in: European Journal of Education 37:4, 433-455.

BLK 2004: Strategie für Lebenslanges Lernen in der Bundesrepublik Deutschland, Bonn: BLK.

BMBF (Bundesministerium für Bildung und Forschung) 2008: Berufsbildungsbericht 2008 (Vorversion), Berlin: BMBF.

Bobbit, Philip 2003: The Shield of Achilles. War, Peace, and the Course of History, New York: Anchor Books.

Bofinger, Peter 2005: Wir sind besser, als wir glauben, München: Pearson.

Boix, Carles 1997: Political Parties and the Supply Side of the Economy: The Provision of Physical and Human Capital in Advanced Economies, 1960-90, in: American Journal of Political Science 41:3, 814-845.

Boix, Carles 1998: Political Parties, Growth and Equality. Conservative and Social Democratic Economic Stategies in the World Economy, Cambridge: Cambridge UP.

Bonin, Holger/Raffelhüschen, Bernd 2000: Sozialtransfers und Bildungsausgaben in der demographischen Zwickmühle, in: Lüdecke, Reinar/Scherf, Wolfgang/Steden, Werner (Hg.): Wirtschaftswissenschaft im Dienste der Verteilungs-, Geld- und Finanzpolitik. Festschrift für Alois Oberhauser zum 70. Geburtstag, Berlin: Duncker & Humblot, 271-291.

Bräuninger, Michael/Vidal, Jean-Pierre 2000: Private versus Public Financing of Education and Endogenous Growth, in: Journal of Population Economics 13, 387-401.

Branahl, Matthias/Fuest, Winfried 1995: Kirchensteuer in der Diskussion, Köln: Deutscher Instituts-Verlag.

Broscheid, Andreas/Gschwend, Thomas 2003: Augäpfel, Murmeltiere und Bayes: Zur Auswertung stochastischer Daten aus Vollerhebungen, MPIfG Working Paper 03/7, Köln: Max-Planck-Institut für Gesellschaftsforschung.

Budde, Hermann/Klemm, Klaus 1994: Zur Entwicklung der Bildungsfinanzierung: Stagnierende Bildungsausgaben – Privatisierung – Aufgabenreduzierung, in: Rolff, Hans-Günter et al. (Hg.) 1994: Jahrbuch der Schulentwicklung. Daten, Beispiele und Perspektiven. Band 8, Weinheim: Juventa, 99-123.

Busemeyer, Marius, 2006a: Die Bildungsausgaben der USA im internationalen Vergleich: Politische Geschichte, Debatten und Erklärungsansätze, Wiesbaden: Deutscher Universitäts-Verlag.

Busemeyer, Marius, 2006b: Der Kampf um knappe Mittel: Die Bestimmungsfaktoren der öffentlichen, privaten und sektoralen Bildungsausgaben im OECD-Länder-Vergleich, in: Politische Vierteljahresschrift 47:3: 393-418.

Busemeyer, Marius, 2007a: Bildungspolitik in den USA: Eine historisch-institutionalistische Perspektive auf das Verhältnis von öffentlichen und privaten Bildungsinstitutionen, in: Zeitschrift für Sozialreform 53:1, 57-78.

Busemeyer, Marius, 2007b: Determinants of Public Education Spending in 21 OECD Democracies, 1980-2001, Journal of European Public Policy 14:4, 582-610.

Busemeyer, Marius, 2007c: Social Democrats and Education Spending: A Refined Perspective on Supply-Side Strategies. MPIfG Working Paper 07/2, Köln: Max-Planck-Institut für Gesellschaftsforschung.

Busemeyer, Marius, 2007d: The Impact of Fiscal Decentralization on Education and Other Types of Spending, MPIfG Discussion Paper 07/8, Köln: Max-Planck-Institut für Gesellschaftsforschung.

Caminda, Koen/Goudsward, Kees 2005: Are Public and Private Social Expenditures Complementary? In: International Advances in Economic Research 11:2, 175-189.

Castles, Francis G. 2007: Testing the Retrenchment Hypothesis: An Aggregate Overview, in: Castles, Francis (Hg.): The Disappearing State? Retrenchment Realities in an Age of Globalisation, Cheltenham: Edward Elgar, 19-43.

Castles, Francis G. (Hg.) 1993: Families of Nations: Patterns of Public Policy in Western Democracies, Aldershot: Dartmouth.

Castles, Francis G. 1989: Explaining Public Education Expenditure in OECD Nations, in: European Journal of Political Research 17, 431-448.

Castles, Francis G. 1994: On Religion and Public Policy: Does Catholicism Make a Difference?, in: European Journal of Political Research 25: 19-40.

Castles, Francis G. 1998: Comparative Public Policy. Patterns of Post-war Transformation, Cheltenham: Edward Elgar.

Castles, Francis G./Marceau, Jane 1989: The Transformation of Gender Inequality in Tertiary Education, in: Journal of Public Policy 9:4, 493-508.

Castles, Francis G./Obinger, Herbert 2007: Social Expenditure and the Politics of Redistribution, in: Journal of European Social Policy 17:2, 206-222.

Castles, Francis/Uhr, John 2005: Australia: Federal Constraints and Institutional Innovations, Obinger, Herbert/Leibfried, Stephan/Castles, Francis G. (Hg.) 2005: Federalism and the Welfare State. New World and European Experience, Cambridge: Cambridge UP, 51-88.

Choy, Susan P. 2004: Paying for College. Changes between 1990 and 2000 for Full-Time Dependent Undergraduates, Washington D.C.: National Center for Education Statistics.

Clotfelter, Charles T. 1996: Buying the Best. Cost Escalation in Elite Higher Education, Princeton: Princeton UP.

Crouch, Colin 2004: Post-Democracy, London: Polity.

Culpepper, Pepper D. 2003: Creating Cooperation. How States Develop Human Capital in Europe, Ithaca/London: Cornell UP.

Dahrendorf, Ralf 1988: The Modern Social Conflict. An Essay on the Politics of Liberty, Berkeley: University of California Press.

Dauderstädt, Michael 2001: Überholen, ohne einzuholen: Irland – ein Modell für Mittel- und Osteuropa? (Politikinformation Osteuropa 90) Bonn: Friedrich-Ebert-Stiftung.

Davies, James B./Zhang, Jie/Zeng, Jinli 2005: Intergenerational Mobility under Private versus Public Education, in: Scandinavian Journal of Economics 107:3, 399-417.

Deutscher Studienpreis (Hg.) 2007: Ausweg Wachstum? Arbeit, Technik und Nachhaltigkeit in einer begrenzten Welt, Wiesbaden: VS Verlag.

Dewatripont, Mathias 2001: Économie de marché, État et éducation, in: Revue de l'Institut de Sociologie 1-4, 123-134.

Ehlert, Niels/Hennl, Annika/Kaiser, André 2007: Föderalismus, Dezentralisierung und Performanz. Eine makroquantitative Analyse zur Leistungsfähigkeit territorialer Politikorganisation in entwickelten Demokratien, in: Politische Vierteljahresschrift 48:2, 243-268.

Ehmann, Christoph 2001: Bildungsfinanzierung und soziale Gerechtigkeit. Vom Kindergarten bis zur Weiterbildung, Bielefeld: W. Bertelsmann.

Esping-Andersen, Gøsta 1985: Politics against Markets. The Social Democratic Road to Power, Princeton, NJ: Princeton UP.

Europäische Kommission 2001: Einen europäischen Raum des lebenslangen Lernens schaffen, KOM(2001) 678 endgültig, Brüssel.

Feld, Lars P. 2008: Für eine wirksame Begrenzung der Verschuldung von Bund und Ländern in Deutschland, in: Konrad, Kai A./Jochimsen, Beate (Hg.): Föderalismuskommission II – Neuordnung von Autonomie und Verantwortung, Frankfurt a.M.: Peter Lang, 43-75.

Fend, Helmut 2008: Schule gestalten. Systemsteuerung, Schulentwicklung und Unterrichtsqualität, Wiesbaden: VS Verlag.

Flora, Peter (Hg.) 1986: Growth to Limits. The Western European Welfare States Since World War II. Volume 2: Germany, United Kingdom, Ireland, Italy, Berlin: Walter de Gruyter.

Foders, Federico 2001: Bildungspolitik für den Standort D, Heidelberg: Springer.

Forschungsgruppe Wahlen 2005: Bundestagswahl. Eine Analyse der Wahl vom 18. September 2005, Mannheim: FG Wahlen.

Freitag, Markus/Bühlmann, Marc 2003: Die Bildungsfinanzen der Schweizer Kantone. Der Einfluss sozioökonomischer Bedingungen, organisierter Interessen und politischer Institutionen auf die Bildungsausgaben im kantonalen Vergleich, in: Swiss Political Science Review 9:1, 139–168.

Freitag, Markus/Vatter, Adrian/Müller, Christoph 2003: Bremse oder Gaspedal? Eine empirische Untersuchung zur Wirkung der direkten Demokratie auf den Steuerstaat, in: Politische Vierteljahresschrift 44:3, 348-369.

Friedeburg, Ludwig von 1989: Bildungsreform in Deutschland. Geschichte und gesellschaftlicher Widerspruch, Frankfurt a. M.: Suhrkamp.

Gerald, Danette/Haycock, Kati 2006: Engines of Inequality: Diminishing Equity in the Nation's Premier Public Universities, Washington DC: The Education Trust.

Gerlach, Christine 2000: Lebenslanges Lernen: Konzepte und Entwicklungen, Köln: Böhlau.

Giddens, Anthony 1998: The Third Way. The Renewal of Social Democracy, Cambridge: Polity.

Glennerster, Howard 1999: Quasi-Markets for Education?, in: Marshall, James/Peters, Michael (Hg.): Education Policy, Cheltenham: Elgar, 197-205.

Goddar, Jeannette 2007: Warum Privatschulen boomen. Die bessere Förderkultur, in: Das Parlament Nr. 4/5, S. 13.

Green, Andy 1999: Education and Globalization in Europe and East Asia: Convergent and Divergent Trends, in: Journal of Education Policy 14:1, 55-71.

Guerin, Bernard 2003: Putting a Radical Socialness into Consumer Behavior Analysis, in: Journal of Economic Psychology 24, 697-718.

GUNI (Global University Network for Innovation) 2006: Higher Education in the World 2006. The Financing of Universities, Basingstoke: Palgrave Macmillan.

Hacker, Jacob S. 2002: The Divided Welfare State. The Battle over Public and Private Social Benefits in the United States, Cambridge: Cambridge UP.

Hall, Peter A. 2003: Aligning Ontology and Methodology in Comparative Politics, in: Mahoney, James/Rueschemeyer, Dietrich (Hg.) 2003: Comparative Historical Analysis in the Social Sciences, Cambridge: Cambridge UP, 373-404.

Hall, Peter A./Soskice, David (Hg.) 2001: Varieties of Capitalism. The Institutional Foundations of Comparative Advantage, Oxford: Oxford UP.

Hammer, Felix 2002: Rechtsfragen der Kirchensteuer, Tübingen: Mohr Siebeck.

Hega, Gunther M./Hokenmaier, Karl G. 2002: The Welfare State and Education: A Comparison of Social and Educational Policy in Advanced Industrial Societies, in: German Political Studies 2, 143-173.

Heidenheimer, Arnold J. 1981: Education and Social Security Entitlements in Europe and America, in: Flora, Peter/Heidenheimer, Arnold J. (Hg.) 1981: The Development of Welfare States in Europe and America, New Brunswick: Transaction Books, 269-304.

Heidenheimer, Arnold J. 1993: External and Domestic Determinants of Education Expansion: How Germany, Japan and Switzerland have varied, in: Governance 6:2, 194-219.

Heidenheimer, Arnold J./Heclo, Hugh/Adams, Carolyn T. [3]1990: Comparative Public Policy. The Politics of Social Change in America, Europe and Japan, London: Macmillan.

Heller, Donald E./Rogers, Kimberley R. 2006: Shifting the Burden: Public and Private Financing of Higher Education in the United States and Implications for Europe, in: Tertiary Education and Management 12:2, 91-117.

Hildebrandt, Achim 2008: Finanzpolitik in den Ländern, in: Hildebrandt, Achim/Wolf, Frieder (Hg.): Die Politik der Bundesländer. Staatstätigkeit im Vergleich, Wiesbaden: VS Verlag, 173-192.

Hirschman, Albert O. 1970: Exit, Voice, and Loyalty. Responses to Decline in Firms, Organizations, and States, Cambridge, MA: Harvard UP.

Hood, Christopher/Peters, Guy/Wollmann, Hellmut 1996: Sixteen Ways to Consumerize Public Services: Pick'n Mix or Painful Trade-Offs?, in: Public Money & Management 16:4, 43-50.

Huber, Evelyne/Stephens, John D. 2001: Development and Crisis of the Welfare State. Parties and Policies in Global Markets, Chicago: The University of Chicago Press.

Iversen, Torben 2005: Capitalism, Democracy and Welfare, Cambridge: Cambridge UP.

Jackman, Robert W. 1987: The Politics of Economic Growth in the Industrial Democracies, 1974-80: Leftist Strength or North Sea Oil?, in: Journal of Politics 49:1, 242-256.

Jansen, Stephan A./Göbel, Tim 2005: Die deutsche Hochschulfinanzierung im internationalen Vergleich – Explorationen und Provokationen, in: Prechtl, Christof/Dettling, Daniel (Hg.): Für eine neue Bildungsfinanzierung. Perspektiven für Vorschule, Schule und Hochschule, Wiesbaden: VS Verlag, 94-110.

Jones, Philip 2005: 'Consumers' of Social Policy: Policy Design, Policy Response, Policy Approval, in: Social Policy & Society 4:3, 237-249.

Kade, Jochen/Seitter, Wolfgang 1996: Lebenslanges Lernen – mögliche Bildungswelten, Opladen: Leske + Budrich.

Kaufmann, Franz-Xaver 2005: Schrumpfende Bevölkerung. Vom Bevölkerungsrückgang und seinen Folgen, Frankfurt a. M.: Suhrkamp.

Kaufmann, Franz-Xaver 2001: Der deutsche Sozialstaat im internationalen Vergleich, in: Bundesministerium für Arbeit und Sozialordnung und Bundesarchiv (Hg.) 2001: Geschichte der Sozialpolitik in Deutschland seit 1945, Band 1, Baden-Baden: Nomos, 799-990.

Kemnitz, Alexander 2000: Bildungspolitik in alternden Gesellschaften. Eine ökonomische Analyse, Aachen: Shaker.

Kempkes, Gerhard/Seitz, Helmut 2006: Auswirkungen des demographischen Wandels auf die Bildungsausgaben: Eine empirische Analyse der Ausgaben im Schulbereich auf der Länder- und Gemeindebene, in: Statistisches Bundesamt (Hg.): Statistik und Wissenschaft: Demographischer Wandel – Auswirkungen auf das Bildungssystem. Band 6. Statistisches Bundesamt, Wiesbaden: SBA, 99-128.

King, Gary 1990: On Political Methodology, in: Political Analysis 2:1, 1-29.

Kitschelt, Herbert/Rehm, Philipp 2006: New social Risk and political Preferences, in: Armingeon, Klaus/Bonoli, Guiliano (Hg.): The Politics of Post-Industrial Welfare States. Adapting Post-War social Policies to new social Risks, London/New York: Routledge, 52-82.

Kittel, Bernhard/Obinger, Herbert 2003: Political Parties, Institutions, and the Dynamics of Social Expenditure in Times of Austerity, in: Journal of European Public Policy 10:1, 20-45.

Klein, Jennifer 2003: For all these Rights. Business, Labor, and the Shaping of America's Public-Private Welfare State, Princeton: Princeton UP.

Konsortium Bildungsberichterstattung, 2006: Bildung in Deutschland. Ein indikatorengestützter Bericht mit einer Analyse zu Bildung und Migration. Bielefeld: wbv.

Kraus, Katrin 2001: Lebenslanges Lernen – Karriere einer Leitidee, Bielefeld: Bertelsmann.

Lauder, Hugh/Hughes, David/Watson, Sue/Waslander, Sietske/Thrupp, Martin/Strathdee, Rob/Simiyu, Ibrahim/Dupuis, Ann/McGlinn, Jim/Hamlin, Jennie 1999: Trading in Futures. Why Markets in Education Don't Work, Buckingham/Philadelphia: Open UP.

Lauterbach, Karl [3]2007: Der Zweiklassenstaat. Wie die Privilegierten Deutschland ruinieren, Berlin: Rowohlt.

Lauterbach, Uwe (Hg.) 1995: Internationales Handbuch der Berufsbildung, Loseblatt-Ausgabe, Bielefeld: Bertelsmann.

Le Grand, Julian 2003: Motivation, Agency, and Public Policy. Of Knights and Knaves, Pawns and Queens, Oxford: Oxford UP.

Leibenstein, Harvey 1998: Bandwagon, Snob, and Veblen Effects in the Theory of Consumers' Demand, in: Lancaster, Kelvin J. (Hg.): Consumer Theory, Cheltenham/Northampton, MA: Elgar, 541-565.

Leibfried, Stephan/Castles, Francis G./Obinger, Herbert 2005: 'Old' and 'New Politics' in Federal Welfare States, in: Obinger, Herbert /Leibfried, Stephan/Castles, Francis G. (Hg.) 2005: Federalism and the Welfare State. New World and European Experience, Cambridge: Cambridge UP, 307-355.

Leibfried, Stephan/Martens, Kerstin 2008: PISA – Internationalisierung von Bildungspolitik. Oder: Wie kommt die Landespolitik zur OECD, in: Leviathan 36:1, 3-14.

Leszczensky, Michael 2004: Paradigmenwechsel in der Hochschulfinanzierung, in: Aus Politik und Zeitgeschichte B 25, 18-25.

Leuner, Peter/Woolf, Mike 2004: Public, Private and Globalised International Education, in: Aldrich, Richard (Hg.): Public or Private Education? Lessons from History, London: Woburn Press, 189-209.

Lindert, Peter H. 2004: Growing Public. Social Spending and Economic Growth since the Eighteenth Century, Cambridge: Cambridge UP.

Lith, Ulrich van 1985: Der Markt als Ordnungsprinzip des Bildungsbereichs. Verfügungsrechte, ökonomische Effizienz und die Finanzierung schulischer und akademischer Bildung, München: Oldenbourg.

Lünnemann, Patrick/Hetmeier, Heinz-Werner 1996: Methodik zur Abgrenzung, Gliederung und Ermittlung der Bildungsausgaben in Deutschland, in: Wirtschaft und Statistik Nr. 3/1996, 166-180.

Madeley, John T.S. 2003: A Framework for the Comparative Analysis of Church-State Relations in Europe, in: West European Politics 26:1, 23-50.

Marks, Gary/Hooghe, Liesbet/Schakel, Arjan 2007: Patterns of Regional Authority, paper presented at the European Union Studies Association, Montreal, May 17-19.

Martens, Kerstin/Starke, Peter 2006: Education as an Export Industry: The Case of New Zealand, TranState Working Paper 33, Bremen: Universität Bremen.

Martens, Kerstin/Wolf, Klaus Dieter 2006: Paradoxien der neuen Staatsräson. Die Internationalisierung der Bildungspolitik in der EU und der OECD, in: Zeitschrift für Internationale Beziehungen 13:2, 145-176.

Merkel, Wolfgang 2002: Social Justice and the three Worlds of Welfare Capitalism, in: Archives Européennes de Sociologie 43:1, 59-91.

Michael, Steve O. 2005: Financing Higher Education in a Global Market: A Contextual Background, in: Michael, Steve O./Kretovics, Mark A. (Hg.): Financing Higher Education in a Global Market, New York: Algora Publishing, 3-32.

Michael, Steve O./Kretovics, Mark A. 2005: Financing Higher Education in the United States of America: Strategies for the 21st Century, in: Michael, Steve O./Kretovics, Mark A. (Hg.): Financing Higher Education in a Global Market, New York: Algora Publishing, 33-70.

Minkenberg, Michael 2003: The Policy Impact of Church-State Relations: Family Policy and Abortion in Britain, France, and Germany, in: West European Politics 26:1, 195-217.

Mosley, Layna 2000: Room to Move: International Financial Markets and National Welfare States, in: International Organization 54:4, 737-773.

Müller, Judith, 2006: Schulische Eigenverantwortung und staatliche Aufsicht. Eine Untersuchung der Möglichkeiten und Grenzen schulischer Eigenverantwortung unter Geltung des Grundgesetzes. Baden-Baden: Nomos.

Münch, Richard 2007: Die akademische Elite. Zur sozialen Konstruktion wissenschaftlicher Exzellenz, Frankfurt a.M.: Suhrkamp.

Musgrave, Richard A. 1959: The Theory of Public Finance. A Study in Public Economy, New York/Toronto/London: McGraw-Hill.

Nagel, Bernhard/Jaich, Roman 2004: Bildungsfinanzierung in Deutschland. Analyse und Gestaltungsvorschläge, Baden-Baden: Nomos.

Nikolai, Rita, 2007a: Die Bildungsausgaben der Schweiz im intranationalen und internationalen Vergleich, Berlin: dissertationen.de.

Nikolai, Rita, 2007b: Sozialpolitik auf Kosten der Bildung? Verteilungskonkurrenz in Zeiten knapper Kassen, in: Zeitschrift für Sozialreform 53:1, 7-30.

Nolte, Paul 2006: Riskante Moderne. Die Deutschen und der neue Kapitalismus, München: C.H.Beck.

Norris, Pippa/Inglehart, Ronald 2004: Sacred and Secular. Religion and Politics Worldwide, New York: Cambridge UP.

Nullmeier, Frank, 2000: „Mehr Wettbewerb!" Zur Marktkonstitution in der Hochschulpolitik, in: Czada, Roland/Lütz, Susanne (Hg.): Die politische Konstitution von Märkten. Wiesbaden: Westdeutscher Verlag, 209-227.

Obinger, Herbert, 2004: Politik und Wirtschaftswachstum. Ein internationaler Vergleich, Wiesbaden: VS Verlag.

Obinger, Herbert/Wagschal, Uwe 2001: Families of Nations and Public Policy, in: West European Politics 24:1, 99-114.

OECD 1997: Reviews of National Policies for Education: Greece, OECD: Paris.

OECD 2001a: Economics and Finance of Lifelong Learning, Paris: OECD.

OECD 2001b: Knowledge and Skills for Life. First Results from PISA 2000, Paris: OECD.

OECD 2001c: Lernen für das Leben. Erste Ergebnisse von PISA 2000, Paris: OECD.

OECD 2003a: Education Policy Analysis, Paris: OECD.

OECD 2003b: The Sources of Economic Growth in the OECD Countries, Paris: OECD.

OECD 2004: OECD Handbook for Internationally Comparative Education Statistics: Concepts, Standards, Definitions and Classifications, Paris: OECD.

OECD 2005a: Education at a Glance. OECD Indicators 2005, Paris: OECD.

OECD 2005b: Education Policy Analysis, Paris: OECD.

OECD 2006: Education at a Glance. OECD Indicators 2006, Paris: OECD.

OECD 2007: Education at a Glance 2007. OECD Indicators, Paris: OECD.

Olssen, Mark/Codd, John/O'Neill, Anne-Marie 2004: Education Policy: Globalization, Citizenship and Democracy, London: Sage.

Patzelt, Werner 1985: Einführung in die sozialwissenschaftliche Statistik, München: Oldenbourg.

Petring, Alexander/Egle, Christoph/Henkes, Christian 2007: Traditionelle, modernisierte und liberalisierte Sozialdemokratie: Eine Typologie sozialdemokratischer Regierungspolitik in Westeuropa, in: Swiss Political Science Review 13:1, 97-134.

Picht, Georg 1964: Die deutsche Bildungskatastrophe. Analyse und Dokumentation, Olten: Walter.

Pierson, Paul 1995: Fragmented Welfare States: Federal Institutions and the Development of Social Policy, in: Governance 8, 449-478.

Pierson, Paul 2001: Coping with Permanent Austerity: Welfare State Restructuring in Affluent Societies, in: Pierson, Paul (Hg.): The New Politics of the Welfare State, Oxford/New York: Oxford UP, 410-456.

Polanyi, Karl 1957 [1944]: The Great Transformation. The Political and Economic Origins of Our Time, Boston: Beacon Press.

Priller, Eckhard/Sommerfeld, Jana 2005: Wer spendet in Deutschland? Eine sozialstrukturelle Analyse, WZB Discussion Paper 2005-202, Berlin: Wissenschaftszentrum Berlin.

Ratzinger, Josef 1996: Salz der Erde. Christentum und katholische Kirche an der Jahrtausendwende. Ein Gespräch mit Peter Seewald, Stuttgart: DVA.

Rauin, Udo 2007: Im Studium wenig engagiert – im Beruf schnell überfordert. Studierverhalten und Karrieren im Lehrerberuf – Kann man Risiken schon im Studium prognostizieren?, in: Forschung Frankfurt 3/2007, 60-64.

Reuling, Jochen/Hanf, Georg 2004: OECD-Projekt "The role of qualifications systems in promoting lifelong learning": Länderbericht Deutschland, Bielefeld: Bertelsmann.

Rhoden, Nancy 1991: Free Markets, Consumer Choice, and the Poor: Some Reasons for Caution, in: Bole, Thomas J. III/Bondeson, William B. (Hg.): Rights to Health Care, Dordrecht: Kluwer, 213-241.

Riker, William 1986: The Art of Political Manipulation, New Haven: Yale University Press.

Rose, Richard/Davies, Phillip L. 1994: Inheritance in Public Policy: Change without Choice in Britain, New Haven: Yale UP.

Ruch, Richard S. 2001: Higher Ed, Inc. The Rise of the For-Profit University, Baltimore/London: John Hopkins UP.

Sayer, Andrew [2]1992: Method in Social Science. A Realist Approach, London: Routledge.

Sayrs, Lois W. 1989: Pooled Time Series Analysis, Newbury Park: Sage Publications.

Scharpf, Fritz W. 1976: Theorie der Politikverflechtung, in: Scharpf, Fritz W./Reissert, Bernd/Schnabel, Fritz: Politikverflechtung: Theorie und Empirie des kooperativen Föderalismus in der Bundesrepublik, Kronberg im Taunus: Scriptor, 13-70.

Schlautmann, Christoph 2005: Deutsche scheuen den Kauf auf Pump, in: Handelsblatt vom 02.05.2005.

Schmidt, Manfred G. 1993: Theorien in der international vergleichenden Staatstätigkeitsforschung, in: Héritier, Adrienne (Hg.): Policy-Analyse. Kritik und Neuorientierung, PVS-Sonderheft 24, Opladen: Westdeutscher Verlag, 371-393.

Schmidt, Manfred G. 1996: When Parties Matter: A Review of the Possibilities and Limits of Partisan Influence on Public Policy, in: European Journal of Political Research 30:2, 155-183.

Schmidt, Manfred G. ^{3}2000: Demokratietheorien, Opladen: Leske + Budrich.

Schmidt, Manfred G. 2001: Ursachen und Folgen wohlfahrtsstaatlicher Politik: Ein internationaler Vergleich, in: Schmidt, Manfred G. (Hg.): Wohlfahrtsstaatliche Politik: Institutionen, politischer Prozess und Leistungsprofil, Opladen: Leske + Budrich, 33-53.

Schmidt, Manfred G., 2003a: Ausgaben für Bildung im internationalen Vergleich, in: Aus Politik und Zeitgeschichte B 21-22, 6-11.

Schmidt, Manfred G., 2003b: Warum Mittelmaß? Deutschlands Bildungsausgaben im internationalen Vergleich, in: Politische Vierteljahresschrift 43:1, 3-19.

Schmidt, Manfred G., 2004a: Die öffentlichen und privaten Bildungsausgaben Deutschlands im internationalen Vergleich, in: Zeitschrift für Staats- und Europawissenschaften 2:1, 7-31.

Schmidt, Manfred G., 2004b: Was ist uns unsere Bildung wert?, in: Frühwald, Wolfgang (Hg.): Sind wir noch das Volk der Dichter und Denker? Heidelberg: Winter, 47-64.

Schmidt, Manfred G., 2005a: Warum die öffentlichen Bildungsausgaben in Deutschland relativ niedrig und die privaten vergleichsweise hoch sind – Befunde des OECD-Länder-Vergleichs, in: Engel, Uwe (Hg.): Bildung und soziale Ungleichheit. Methodologische und strukturelle Analysen, Bonn: Informationszentrum Sozialwissenschaften, 105-120.

Schmidt, Manfred G., 2005b: Not leidendes Bildungswesen. Eine Aufstockung der Bildungsfinanzen ist nicht in Sicht - wahrscheinlicher ist das Gegenteil, in: Ruperto Carola. Forschungsmagazin der Universität Heidelberg 1/2005, 35-40.

Schmidt, Manfred G., 2007a: Schwerpunkt Bildungs- und Sozialpolitik – Vorwort, in: Zeitschrift für Sozialreform 53:1, 3-6.

Schmidt, Manfred G., 2007b: Testing the retrenchment hypothesis: educational spending, 1960-2002, in: Castles, Francis G. (Hg.): The Disappearing State? Retrenchment Realities in an Age of Globalisation, Cheltenham/Northampton, MA: Edward Elgar, 159-183.

Schmidt, Manfred G., 2007c: Warum nicht einmal Mittelmaß? Die Finanzierung der deutschen Hochschulen im internationalen Vergleich, in: Gesellschaft – Wirtschaft – Politik Nr. 4/2007, 465-480.

Schmidt, Manfred G., 2007d: Die Finanzierung der Hochschulen – Struktur, Determinanten und Strategien. Vortrag vor der Mitgliedergruppe Universitäten in der Hochschulrektorenkonferenz im Rahmen der 33. Mitgliederversammlung (Herbstklausur) in Heidelberg am 29.10.2007.

Schmidt, Manfred G./Busemeyer, Marius/Nikolai, Rita/Wolf, Frieder 2006: Bildungsausgaben im internationalen und intranationalen Vergleich. Bestimmungsfaktoren öffentlicher Bildungsausgaben in OECD-Demokratien. Bericht über ein durch eine Sachbeihilfe der DFG gefördertes Forschungsprojekt (Jahre 1 und 2 der Förderung).

Schneider, Mark/Teske, Paul/Marschall, Melissa 2000: Choosing Schools. Consumer Choice and the Quality of American Schools, Princeton/Oxford: Princeton UP.

Schöller, Oliver 2004: Gestiftete Bildung. Das Centrum für Hochschulentwicklung, in: Müller, Ulrich/Giegold, Sven/Arhelger, Malte (Hg.): Gesteuerte Demokratie? Wie neoliberale Eliten Politik und Öffentlichkeit beeinflussen, Hamburg: VSA-Verlag, 59-64.

Schwarzenberger, Astrid/Gwosć, Christoph 2008: Country Report of Germany, in: Schwarzenberger, Astrid (Hg.): Public/Private Funding of Higher Education: A Social Balance, HIS: Forum Hochschule 5/2008, 66-81.

Seeleib-Kaiser, Martin 2000: Kulturelle und politisch-institutionelle Determinanten des US-amerikanischen Wohlfahrtsstaates, in: Obinger, Herbert/Wagschal, Uwe (Hg.): Der gezügelte Wohlfahrtsstaat. Sozialpolitik in reichen Industrienationen, Frankfurt a. M./New York: Campus, 95-129.

Seth, Michael J. 2002: Education Fever. Society, Politics, and the Pursuit of Schooling in South Korea, Honolulu: University of Hawai'i Press.

Shalev, Michael 2007: Limits and Alternatives to Multiple Regression in Comparative Research, in: Comparative Social Research 24, 261-308.

Siaroff, Alan 1999: Corporatism in 24 Industrial Economies: Meaning and Measurement, in: European Journal of Political Research 36:2, 175-205.

Siegel, Nico A. 2002: Baustelle Sozialpolitik. Konsolidierung und Rückbau im internationalen Vergleich, Frankfurt a. M./New York: Campus.

Sinn, Hans-Werner [5]2004: Ist Deutschland noch zu retten? München: Ullstein.

Staatliche Zentralverwaltung für Statistik (Hg.) 1989: Statistisches Jahrbuch 1989 der Deutschen Demokratischen Republik, Berlin: Staatsverlag der Deutschen Demokratischen Republik.

Strange, Susan 1998: Mad Money, Manchester: Manchester UP.

Sturm, Roland 1989: Haushaltspolitik in westlichen Demokratien. Ein Vergleich des haushaltspolitischen Entscheidungsprozesses in der Bundesrepublik Deutschland, Frankreich, Großbritannien, Kanada und den USA, Baden-Baden: Nomos.

Sutherland, Peter/Crowther, Jim (Hg.) 2006: Lifelong Learning. Concepts and Contexts, London: Routledge.

Taagepera, Rein 2007: Predictive versus Postdictive Models, in: European Political Science 6:2, 114-123.

Tanzi, Vito/Schuknecht, Ludger 2000: Public Spending in the 20th Century. A Global Perspective, Cambridge: Cambridge UP.

Taylor, Charles 1990: Irreducibly Social Goods, in: Brennan, Geoffrey/Walsh, Cliff (Hg.): Rationality, Individualism and Public Policy, Canberra: Centre for Research on Federal Financial Relations/The Australian National University, 45-63.

Thatcher, David/Rein, Martin 2004: Managing Value Conflict in Public Policy, in: Governance 17:4, 457-486.

Thelen, Kathleen 2003: How Institutions Evolve, in: Mahoney, James/Rueschemeyer, Dietrich (Hg.): Comparative Historical Analysis in the Social Sciences, Cambridge: CUP, 208-240.

Troltsch, Klaus/Krekel, Elisabeth M. 2006: Zwischen Skylla und Charybdis. Möglichkeiten und Grenzen einer Erhöhung der betrieblichen Ausbildungskapazitäten, in: Berufsbildung in Wissenschaft und Praxis 35:1, 12-18.

UNESCO 2005: Towards Knowledge Societies, UNESCO World Report, Paris: UNESCO Publishing.

Vatter, Adrian 2007: Direkte Demokratie in der Schweiz: Entwicklungen, Debatten und Wirkungen, in: Freitag, Markus/Wagschal, Uwe (Hg.): Direkte Demokratie. Bestandsaufnahme und Wirkungen im internationalen Vergleich, Münster: LIT Verlag, 71-113.

Wagner, Adolph 1911: Staat (in nationalökonomischer Hinsicht), in: Handwörterbuch der Staatswissenschaften, Jena: Fischer, Bd. 7, 727-739.

Wagschal, Uwe 2005: Steuerpolitik und Steuerreformen im internationalen Vergleich. Eine Analyse der Ursachen und Blockaden, Münster: LIT Verlag.

Wagschal, Uwe/Wenzelburger, Georg 2008: Haushaltskonsolidierung, Wiesbaden: VS Verlag.

Werner, Dirk/Flüter-Hoffmann, Christiane/Zedler, Reinhard 2003: Berufsbildung: Bedarfsorientierung und Modernisierung, in: Klös, Hans-Peter/Weiß, Reinhold (Hg.): Bildungs-Benchmarking Deutschland. Was macht ein effizientes Bildungssystem aus?, Köln: Deutscher Instituts-Verlag, 287-381.

Whitty, Geoff 2002: Making Sense of Education Policy. Studies in the Sociology and Politics of Education, London: Paul Chapman.

Wilensky, Harold L. 1975: The Welfare State and Equality. Structural and ideological Roots of public Expenditures, Berkeley: University of California Press.

Wilensky, Harold L./Luebbert, Gregory M./Reed Hahn, Susan/Jamieson, Adrienne M. 1987: Comparative Social Policy: Theories, Methods, Findings, in: Dierkes, Meinolf/Weiler, Hans N./Antal, Ariane B. (Hg.): Comparative Policy Research. Learning from Experience, Aldershot: Gower, 381-457.

Wolf, Frieder, 2005: Die Bildungsausgaben der Bundesländer im Vergleich, in: Gesellschaft – Wirtschaft – Politik, Heft 4/2005, 411-423.

Wolf, Frieder, 2006a: Die Bildungsausgaben der Bundesländer im Vergleich. Welche Faktoren erklären ihre beträchtliche Variation? Münster: LIT Verlag.

Wolf, Frieder, 2006b: Bildungspolitik: Föderale Vielfalt und gesamtstaatliche Vermittlung, in: Schmidt, Manfred G./Zohlnhöfer, Reimut (Hg.): Regieren in der Bundesrepublik Deutschland. Innen- und Außenpolitik seit 1949, Wiesbaden: VS Verlag, 219-239.

Wolf, Frieder, 2007a: Die Bildungsausgaben der Bundesländer: Bestimmungsfaktoren und sozialpolitische Relevanz, in: Zeitschrift für Sozialreform / Journal of Social Policy Research 53:1, 31-56.

Wolf, Frieder, 2007b: Die sich wandelnde Relation zwischen öffentlichen und privaten Ressourcen als Herausforderung für die Hochschulen oder Die neue politische Ökonomie der Hochschulfinanzierung und ihre Folgen am Beispiel Baden-Württemberg, Vortrag bei der Nachwuchstagung von FÖV und ZVM am 11.-12.10.2007 in Speyer zum Thema ‚Hochschulen und außeruniversitäre Forschung unter Reformdruck: Hochschul- und Wissenschaftsmanagement, Wissenschaftsorganisation und Wissenschaftsrecht‘.

Wolf, Frieder, 2007c: The Division of Labour in Education Funding: A Cross-National Comparison of Public and Private Education Expenditure in 28 OECD Countries, paper presented at the ECPR General Conference in Pisa, September 6-8th, erscheint in Kürze in: Acta Politica.

Wolf, Frieder 2008a: Die Schulpolitik – Kernbestand der Kulturhoheit, in: Hildebrandt, Achim/Wolf, Frieder (Hg.): Die Politik der Bundesländer. Staatstätigkeit im Vergleich, Wiesbaden: VS Verlag, 21-41.

Wolf, Frieder 2008b: Enlightened Eclecticism or Hazardous Hotchpotch? Triangulation Strategies in Comparative Public Policy, paper presented at the ECPR Joint Session of Workshops in Rennes, April 11-16th.

Wolf, Frieder/Henkes, Christian 2007: Die Bildungspolitik von 2002 bis 2005: Eine Misserfolgsgeschichte und ihre Ursachen, in Egle, Christoph/Zohlnhöfer, Reimut (Hg.): Das Ende des rot-grünen Projektes. Eine Bilanz der Regierung Schröder 2002-2005, Wiesbaden: VS Verlag, 355-378.

Wolf, Frieder/Mahner, Sebastian 2008: Tropfen auf den heißen Stein oder folgenschwerer Paradigmenwechsel? Studiengebühren und Hochschulausgaben in Deutschland, erscheint in: Die Hochschule 1/2008.

Wolf, Frieder/Zohlnhöfer, Reimut, 2007: Investing in Life Chances? Private Education Expenditure in 26 OECD Nations. Unveröffentlichtes Manuskript (auf Anfrage gerne beim Autor erhältlich).

Wolter, Stefan C. 2001: Bildungsfinanzierung zwischen Markt und Staat, Chur/Zürich: Rüegger.

Wössmann, Ludger 2007: Letzte Chance für gute Schulen. Die 12 großen Irrtümer und was wir wirklich ändern müssen, München: Zabert Sandmann.

Zohlnhöfer, Reimut 2008: Stand und Perspektiven der vergleichenden Staatstätigkeitsforschung, in: Janning, Frank/Toens, Katrin (Hg.): Die Zukunft der Policy-Forschung, Wiesbaden: VS Verlag, 157-174.

Zohlnhöfer, Reimut/Obinger, Herbert/Wolf, Frieder, 2008: Partisan Politics, Globalization and the Determinants of Privatization Proceeds in Advanced Democracies 1990-2000, in: Governance 21:1, 95-121.